दिल ने कहा

(काव्य संग्रह)

गीता अग्रवाल

Title   :   Dil Ne Kaha

Author   :   Geeta Agarwal

Edition   :   1st (March, 2023)

ISBN   :   9789395391214

Published by

PRACHI
DIGITAL PUBLICATION

Regd. Add.: 254, Khuriyakhatta No. 10, Bindukhatta,
Lalkuan, Nainital - 262402, Uttarakhand, India
Website : www.prachidigital.in
E-mail : info@prachidigital.in
Contact : +91-976041-7980, 976041-8103

Printed by :

Manipal Technologies Limited, Manipal - 576104, Karnataka

समर्पण

यह मेरा प्रथम काव्य संकलन मेरी पूजनीय सासू मां श्रीमती शकुंतला देवी एवं ससुर परम पूजनीय श्री राम प्रकाश अग्रवाल जी को समर्पित है। मेरे जीवन का महत्वपूर्ण विकास तो मेरी ससुराल चंदौसी (मुरादाबाद) उत्तर प्रदेश में हुआ। माता पिता के घर में तो बचपन गुजारा और शिक्षा ग्रहण की। जीवन के यथार्थ का अनुभव ससुराल आकर ही हुआ। सर्वप्रथम मैं अपने परम पूज्य सास-ससुर को अर्पित किए बिना कुछ सोच भी नहीं सकती हूं। मेरे ससुर नाटककार, समाजसेवी, साप्ताहिक समाचार पत्र के संपादक, संस्थापक एवं एक भारतीय कला निकेतन विद्यालय के आजीवन सदस्य एवं संस्थापक रहे। आज वह हमारे बीच नहीं हैं पर वह जहां भी होंगे उनका शुभाशीष इस जिंदगी में हमेशा मिलता रहेगा।

बहू बनकर आई घर में, पर बेटी का सा प्यार मिला।
तितली भांति उड़ने को स्वच्छंद जीवन संसार मिला।
खुदा की रहमत या भाग्यशाली समझूं खुद को
अपना घर छोड़के आई यहां सुंदर नया परिवार मिला।।

-गीता अग्रवाल
लेखिका

 अनुक्रमणिका

दो शब्द

दिल ने कहा, सर्वप्रथम मैं अपने ईश्वर श्री कृष्ण गोविंदा का ध्यान धरुं.....नमन करुं....
'दिल ने कहा' मेरा प्रथम एकल काव्य संकलन है, जिसमें अलग-अलग विषय पर दिल के उद्गार हैं, दिल कभी अपने मन के अनुभव कभी आसपास के अनुभव से प्रेरित होकर कुछ कहने के लिए उत्सुक रहता है, कभी दिल खुशी में झूमता है कभी दुख में रोता है, जब मेरे अपने इस दुनिया से रुखसत हुए तो दिल बहुत रोया।

ईश्वर की असीम अनुकंपा से मुझे दो बार मातृत्व सुख मिला। जो संसार का सबसे बड़ा सुख है, तभी मेरे दिल ने कहा प्रेम संसार की अमूल्य अनुभूति है, प्रेम अनवरत बढ़ता रहा। माँ बनने के बाद दिल के सब रिश्ते समझ में आए। इसीलिए एक नारी, एक माँ जो कहती है वह सीधे दिल से निकली बात होती है, वैसे तो ईश्वर ने सभी को दिल दिया है, भावनाएं दी हैं, पर एक मां की भावना अलग ही होती है, इसीलिए हम अपने देश को भारत माता कहते हैं। अपनी भाषा को मातृभाषा कहते हैं। इन सब से समझ लेना चाहिए दिल के करीब कौन है। सारे रिश्ते एक तरफ पर मां का अपने बच्चों से रिश्ता एक तरफ, अपने खून से सींचकर जिन बच्चों को जन्म दिया, उन बच्चों के दिल की धड़कन ही एक मां के दिल की धड़कन होती है, इसलिए दिल ने दिल से कहा और मेरे बच्चों में दिल की बात सुनी और यथार्थ रूप दिया। मुझे कंप्यूटर तकनीकी ज्ञान बहुत भाता था, लेकिन हमारे जमाने में कंप्यूटर शिक्षा नहीं थी। बस समाचारों में अमेरिका में कंप्यूटर पर चल रहे कार्यों ने मुझे बहुत मोहित किया। मेरे बच्चों ने मेरे दिल की बात सुनी और वह कंप्यूटर इंजीनियर बने, स्वाभाविक था कि पुत्रवधू भी कंप्यूटर प्रशिक्षित होनी थी।

1 . मेरा ज्येष्ठ पुत्र अंकुर अग्रवाल, माइक्रोसॉफ्ट आजकल सिंगापुर में कार्यरत
पुत्रवधू – मीनल खन्ना, एक्सेंचर कंपनी, सिंगापुर में कार्यरत
पौत्र – अतिक्ष अग्रवाल, अद्विक अग्रवाल

अंकित अग्रवाल, ऐमेज़ॉन, हैदराबाद, इंडिया में कार्यरत
पुत्रवधू– रानी रमैय्यर, अमेरिकन कंपनी, इंडिया में कार्यरत
पौत्र– आरव अग्रवाल

इन्हीं बच्चों के साथ दिल ने कहा का सिलसिला चलता रहा, और लेखनी के जरिए आप तक भी पहुंचा।

दिल से निकले शब्द आप तक पहुंचे
दिल गहराईयो से धीमे धीमे पहुंचे
कभी नमी, कभी मुस्कान लिए पहुंचे
कभी तन्हा, कभी महफ़िल लिए पहुंचे

कभी यथार्थ, कभी कल्पना लिए पहुंचे,
'दिल ने कहा' 'गीता' के दिल से निकले
शब्द आप तक पहुंचे –आप तक पहुंचे।

— गीता अग्रवाल

पथ

खुशी की रात में समय का पता नहीं चलता।
लंबी हो जाए ग़म की रात समय नहीं कटता।
जीवन पथ में आ गई जो अचानक रुकावटे,
खड़ा, अडिग साहसी कोई फर्क नहीं पड़ता।।

विरह

बेख़ुदी में आतंकवादियों ने आतंक का बीज़ बोया।
खून का दरिया बहाकर, निर्दोषों को खून से धोया।
आतंकी अग्नि में जल, भस्म होते रहे असहाय जन
आतंकी फूट फूट रोया, जब अपना बच्चा खोया।।

मेरे प्रेरणा स्त्रोत

लेखिका- पति संग गीता अग्रवाल

माता-पिता संग 8 बहन-भाई

भाभी बहन

प्यारी ननदें

सखियों संग

समाज के मित्रगण

मेरे प्रेरणा स्रोत

कहते हैं न स्वस्थ रहने के लिए जड़े मजबूत होना जरूरी है। जड़ो को उचित पोषण की भी आवश्यकता होती है। जिस परिवार में इंसान का जन्म होता है, वहीं पर उसके व्यक्तित्व की नींव रखी जाती है, मां शिशु की प्रथम गुरु होती है। पिता के संरक्षण में शिशु बिना किसी भय के आगे बढ़ता है और आत्मविश्वास की भावना उसमें जागृत होती जाती है। बचपन में तो यह बातें समझ में कम आती हैं लेकिन धीरे-धीरे इनकी आदत पड़ जाती है और वह हमारे सुसंस्कृत संस्कार बन जाते हैं। मेरे माता-पिता मेरे जीवन के सबसे बड़े प्रेरणास्रोत रहे हैं। मेरे पिता श्री दुष्यंत गुप्त बीकानेर के सुप्रसिद्ध समाजसेवी, पत्रकार(बीकानेर टाइम्स के संपादक, संस्थापक) लेखक प्रगतिशील विचारों वाले व्यापारी, व्यापार मंडल के अध्यक्ष भी रहे थे, एक ऐसे व्यक्ति थे जिन्होंने समाज को सिर्फ सिर्फ सिर्फ सेवा के लिए चुना था, उनके लिए कोई अपना कोई पराया नहीं था वह राह चलते दुखियारे को भी घर लाकर उसकी सेवा सुश्रुषा में तन मन धन से लग जाते थे और सभी घरवालों को भी लगाते थे। उन्होंने उस जमाने में मेरे माताश्री श्रीमती डॉक्टर सुशीला गुप्ता को जो कि बाल्यवस्था में ही ब्याह कर आई थी को पूरा पढ़ने का अवसर प्रदान किया।

जब शादी हुई थी तो वह सातवीं कक्षा में पढ़ रही थी और उसके बाद उन्होंने एम.ए. पीएच. डी, डिलीट की और भारतीय शोध प्रतिष्ठान, बीकानेर में कार्यरत रहीं, जिसमें देसी और विदेशी शोधार्थियों ने लाभ उठाया। मेरे बचपन में इन सब बातों का असर होना स्वभाविक था, और मेरी रुचि भी लेखन में हो चली और मैं धीरे-धीरे कुछ न कुछ लिखती रहती थी इसके लिए मुझे माता-पिता से हमेशा उत्साहवर्धन और प्रोत्साहन मिलता रहता था। उस समय मीडिया इतना शक्तिशाली नहीं था डायरी में पेज भर जाते थे, कभी सोचा नहीं था कि इनको संग्रह करके छपाया जाए पर फिर वह इधर-उधर हो गया पर अब कुछ सालों से मेरी कविताएं लगातार समाचार पत्रों, पत्रिकाओं में प्रकाशित होती आ रही हैं, उन कविताओं को संग्रह रूप में एकत्रित करने के लिए मैंने विचार बनाया, कि मैं एक अपनी पुस्तक छपवाऊं। तो आज वह समय आ गया है।

हम कुल मिलाकर आठ भाई-बहन हुए जिसमें सभी ने अपने अपनी योग्यता अनुसार मुझे सहयोग किया, मेरी सबसे बड़ी बहन श्रीमती सुनीला गुप्ता, सीकुर जो उप श्रम आयुक्त, जयपुर राजस्थान से सेवानिवृत हुई हैं, हमेशा ही आशा की किरण दिखाती रहीं, दूसरी बड़ी बहन सुषमा गुप्ता केंद्रीय विद्यालय, बीकानेर मैं रसायन शास्त्र प्रवक्ता पद से सेवानिवृत्ति हुई, हमेशा मेरी मार्गदर्शिका रहीं। मेरे बड़े भाई विनीत कुमार गुप्ता, अधिशासी अभियंता उरमूल डेयरी, बीकानेर में कार्यरत रहे, आज वह हमारे बीच नहीं हैं पर उनका प्रोत्साहन सदा मेरे साथ रहा, जब मैंने अपना यूट्यूब चैनल शुरू किया था तो सबसे ज्यादा उनका उत्साहवर्धन मेरे साथ रहा। इसके बाद मेरे सभी भाई-बहन मुझसे छोटे रहे जिसमें भारती अग्रवाल, नोएडा वह तो मेरी एक सखी के समान रही बहुत ही जुड़ाव मेरा उससे रहा और हम दोनों आपस में एक दूसरे से सभी बातें शेयर करते रहे, मेरा छोटा भाई अरविंद गुप्ता पटवारी पद पर रहा सीधा-सादा हमेशा बहनों को सहयोग करता रहा, सबसे छोटी दो बहनें साधना गर्ग जो कि जयपुर राजस्थान में शिक्षा अधिकारी के रूप में रही, एक शिक्षक के रूप में हमेशा उचित सलाह देती रही, और सबसे छोटी संगीता सिंघल ' विभु' जोकि बहुत बड़ी साहित्यकार, समाजसेवी, नेतृत्व भावना से परिपूर्ण होने के कारण छोटी होने के बावजूद मार्गदर्शन करती रही। जिस प्रकार मेरी बहनें है उसी प्रकार मेरी प्यारी भाभियां पुष्पा गुप्ता एवं वीना गुप्ता मेरी लिखने की प्रवृत्ति को पसंद करती रहीं। हमारे भारत की यही तो विशेषता है संयुक्त परिवार जिसमें हर व्यक्ति का हम पर प्रभाव पड़ता है, इस श्रृंखला में मेरी ननदे उर्मिल गुप्ता, मंजू अग्रवाल, आशा अग्रवाल बहनों की तरह मेरा सदा साथ देती रहीं।

हम सभी जानते हैं की परिवार की अहमियत क्या होती है, इसके अलावा कुछ खास मित्र भी होते हैं जो हमें जीवन में आगे बढ़ने के रास्ते दिखाते हैं और हमें प्रोत्साहित करते रहते हैं उन दोस्तों का जिक्र न किया जाए तो बेमानी होगा। इनमें मेरे अंतरंग मित्र राज माथुर, कमलेश अग्रवाल, सुरेश अग्रवाल, 'एडवोकेट', मंजू शर्मा, वीना मदान, लक्ष्मी ममतानी, जयश्री लोहिया, श्रीदेवी, नेहा खाडीकर अन्य बहुत सारे ऐसे नाम हैं सभी को दर्शाना कठिन होगा।

मेरे कई काव्य साझा संकलन प्रकाशित हो चुके हैं। जिसमें दो काव्य संकलन तो दक्षिण समाचार पत्र के संपादक श्री नीरज कुमार सिन्हा के संपादन में प्रकाशित हुए। नीरज जी की बहुत बड़ी खासियत है कि वह हर साहित्यकार को आगे बढ़ने का सुनहरा अवसर देते हैं, जिसमें मुझे भी उनका बहुत बड़ा सहयोग मार्गदर्शन मिला, मैं उनकी बहुत बड़ी आभारी हूं, काव्यधारा प्रकाशन के दो काव्य साझा संकलन में भी मुझे अवसर मिला, जिसका संपूर्ण श्रेय काव्यधारा प्रकाशन की अध्यक्ष, संस्थापक श्रीमती सुनीता लुल्ला जी को जाता है, जिन्होंने हमेशा मार्गदर्शन किया और

मेरी लेखनी में सुधार लाने की कोशिश की। हिंददेश परिवार की संस्थापिका अर्चना मिश्रा 'अर्चि' जी ने अंतरराष्ट्रीय साझा संकलन 'अमर विश्व साहित्य' में भी अवसर प्रदान किया।

उन्हीं के मार्गदर्शन में 'विश्व की अखंड किरणें' 'Unbroken rays of the world' का संपादन कार्य का भार मुझे सौंपा गया है। मैं तहे दिल से उनकी शुक्रगुजार हूं।

मेरे मुख्य प्रेरणास्रोत तो मेरे पतिदेव श्री कृष्ण प्रकाश अग्रवाल, समाजसेवी, लेखक एवं (यूनाइटेड इंडिया इंश्योरेंस कंपनी) मुरादाबाद, उत्तर प्रदेश शाखा प्रबंधक के पद पर आसीन रहकर स्वैच्छिक सेवानिवृति लेकर समाज कार्य में जुट गए। उनके मार्गदर्शन और प्रोत्साहन के बिना लिखना संभव नहीं था। उन्होंने मेरी सभी कविताओं को मीडिया में छपवा कर प्रचलित किया। उनके कहने से ही मैं अपना एकल काव्य संकलन प्रकाशित करवाने के लिए आगे बढ़ी।

लेखिका
-गीता अग्रवाल,
हैदराबाद

अनुशंसा

गीता अग्रवाल एक ऐसी लेखिका हैं जो किसी भी विषय पर अपने विचार व्यक्त करने का हौसला रखती हैं, मैंने उन्हें सभी विषय पर लिखते देखा है, जो मेरी पत्नी भी हैं। मुझे गर्व है अपनी अर्धांगिनी पर, अपनी पारिवारिक जिम्मेदारियों को बहुत ही बेहतरीन तरीके से निभाने के साथ अपने पुत्र अंकुर और अंकित को बहुत ही अच्छे संस्कारों के माध्यम से उच्च शिक्षा दिलाकर उनको अच्छे मुकाम पर पहुंचाने में भरपूर सहयोग प्रदान किया है, वह दोनों उच्च पदों पर आईटी क्षेत्र में कार्यरत हैं। गीता अग्रवाल द्वारा साहित्य क्षेत्र में अनेक उपलब्धियां रही हैं, उनके अभी तक 16 साझा काव्य संकलन प्रकाशित हो चुके हैं, एक अंतरराष्ट्रीय साझा संकलन का भी हिस्सा बन चुकी हैं, एक अंतर्राष्ट्रीय साझा संकलन का संपादन उनके द्वारा किया जा रहा है।

आपने पूर्व में भी अग्रमंजूषा मासिक पत्रिका, हैदराबाद का सह संपादन और रंगीला टाइम्स साप्ताहिक समाचार पत्र, चंदौसी का संपादन किया है, साहित्य क्षेत्र में योगदान के अलावा सामाजिक क्षेत्र में बहुत योगदान रहा है, अग्रवाल समाज महिला विंग, गच्ची बावली शाखा हैदराबाद की अध्यक्षा होने पर समाज में सेवा कार्य किए हैं एवं समाज में महिलाओं को कुछ समय निकालकर सेवा कार्य में समय देने के लिए उत्साहित किया है।

आपकी कविताएं और लेख लगातार स्थानीय समाचार पत्र हिंदी दैनिक मिलाप, स्वतंत्र वार्ता, शुभ लाभ, हिंदी डेली व प्रेरणा पुंज, अमरावती, महाराष्ट्र, युगपक्ष बीकानेर, राजस्थान आदि समाचार पत्रों में प्रकाशित होते रहे हैं, उनके द्वारा 100 से ऊपर सम्मान प्राप्त हो चुके हैं, मुख्य संक्षिप्त सूची इस प्रकार है, साहित्य सेवा समिति हैदराबाद दक्षिण समाचार की ओर से 'राजन चौधरी साहित्य पुरस्कार' 2022, साहित्य रेखा संस्थान दिल्ली की ओर से' साहित्य शिरोमणि',

और काव्य धारा प्रकाशन साहित्य मंच हैदराबाद की ओर से 'काव्य भास्कर सम्मान' और 'साहित्य विभूषण सम्मान'' मिल चुके हैं।

उनके उज्जवल भविष्य के लिए बहुत-बहुत शुभकामनाएं।

कृष्ण प्रकाश अग्रवाल

अध्यक्ष

अग्रवाल समाज, गच्ची बावली शाखा,

हैदराबाद

माँ शारदे

शारदे माँ का ले लो, ले लो, ले लो, रे वरदान।
माँ शारदे की कृपा से ही बना रहे स्वाभिमान।।

जिस मानव की बुद्धि भ्रमित हो
जिस मानव की गति धूमिल हो
बिन विवेक के करते काम
आलस में सब बिगड़े काम
माँ शारदे की कर लो उपासना
माँ शारदे से बुद्धि मांगना
विवेकता से कमा लो नाम,
जीवन बना लो तुम आसान, सुरों से सजा लो रे तान।
शारदे माँ का ले लो, ले लो, ले लो, रे वरदान।

माँ शारदे की कृपा से मिली हमको वाणी,
बोले कोई कटु वाणी कोई मधुर वाणी,
बुद्धि की देवी शारदे माँ है बड़ी ही कल्याणी
ज्ञान मिला उसे ही जिसने बुद्धि की कीमत जानी,
वरद हस्त जब माँ का हो संगीतमय जीवन मिले
माँ शारदे वरदान से शांति सौहार्द खिले
वाणी का दुरुपयोग न हो रखना बस ये ध्यान
शारदे माँ करुणामय माँ देंगी रे विद्यादान,
शारदे माँ का ले लो, ले लो, ले लो, रे वरदान।
माँ शारदे की कृपा से ही बना रहे स्वाभिमान।।

समुद्र मंथन

जीवन के गुमनाम सफर में, लगता रहता आना जाना।
जिसने संघर्षो को पार किया, हो गया सफर सुहाना।।

जो गिरने से घबराए नहीं सर उठाकर फिर चल दिये।
गिरकर संभलकर, बढ़ता गया अनुभव का खजाना।।

नवांकुर के सही पालन पोषण की भी है जिम्मेदारी।
संस्कारो की सुन्दर बगिया से, नव पीढ़ी को सजाना।।

आज आना, कल जाना, बन जाये सुन्दर इतिहास
कर्तव्य भ्रष्ट न हो कोई, उचित दिशा बताना।।

अनुभव की माला में, नव सृजन जुड़ते जायें।
छूटे न कोई अनुभव मोती, ऐसी माला बनाना।।

खट्टी मीठी यादें देकर, हर वर्ष बन जाता पुराना।
पल पल है कीमती, हर वर्ष हर पल को सजाना।।

समुद्र का जल है खारा, पर इसमें रत्नो का खजाना।
'गीता' समय आया समुद्र मंथन का, रत्नो को बचाना।।

पुत्र पुत्री दोनों समान

भारत देश में हर सुहागन को मिलता आर्शीवाद ।
सौभाग्यवती, पुत्रवती भव : बुजुर्गों के मुख की बात ।।

प्रसन्न मात – पिता, पुत्र जन्म खुशियों से भरे आँगन,
दादी, नानी, मामी, बुआ, समझे स्वयं को पावन,
स्वर गूँजते नाम करेगा रोशन जग में मेरा राज दुलारा
सबकी निगाहें पुत्र पर केंद्रित होता घर का न्यारा ।

पुत्री से पहले पुत्र की पूरी होती सभी फ़रियाद ।
भारत देश में हर सुहागन को मिलता आर्शीवाद ।

पूत कपूत हो सकता है, पर माता नहीं कुमाता,
पूत कपूत हो तो, मात–पिता का जीना दूभर हो जाता,
पूत सपूत हो तो समाज में मान सम्मान दिलाता
पूत कपूत हो तो पालन पोषण बदनाम हो जाता ।

दुर्याधन, कंस से कपूत पुत्र से, कुल का होता नाश ।
भारत देश में हर सुहागन को मिलता आर्शीवाद ।

नारी बिना न चले संसार फिर क्यों नर ही अहम,
नर की जननी होती नारी फिर क्यों नारी पर सितम,
स्वभाव से नारी निर्मल, पर सहनशक्ति से भरी हुई
पुत्र हो या पुत्री हो दोनों का समान माने जनम ।

पुत्रीवती भव का भी मिले हर सुहागन को आशीर्वाद ।
भारत देश में हर सुहागन को मिलता आर्शीवाद ।

धुआँ धुआँ आसमान

इंसान का इंसान से ही फासला बढ़ा हुआ है।
धुआँ धुआँ आसमान कहीं कोई हादसा हुआ है।।

दावानल में भभकती अग्नि न जाने क्यों लग गई,
प्रयास बुझाने के करे, पर आग और भड़क गई,
सितम कोई कर रहा, सज़ा कोई भुगत रहा
करे तीर्थ, जान पर बन आई धरती खिसक गई।
आज धूल के बादलों से आसमान पटा हुआ है।
इंसान का इंसान से ही फासला बढ़ा हुआ है।
धुआँ धुआँ आसमान कहीं कोई हादसा हुआ है।।

आवागमन के साधन व कारखाने जहर उगल रहे,
न जाने क्यों इंसान उन्हीं की ओर फिसल रहे,
क्षणिक सुख खातिर घोर प्रदूषण पसर रहे
स्वयं से होकर मजबूर जहरीली वायु निगल रहे।
हर साँस की ओर जहर, दूभर साँस लेना हुआ है।
इंसान का इंसान से ही फासला बढ़ा हुआ है।
धुआँ धुआँ आसमान कहीं कोई हादसा हुआ है।।

पूजा पाठ

मानव धर्म पूजा पाठ, जगा लें प्रभु में आस्थाएं।
जीवन की प्रभु ही पूरी करते आवश्यकताएं।।

रास्ते विभिन्न मंजिल एक, चाहे देवी देवता अनेक,
करो चाहे किसी की पूजा, पर सबका मालिक एक,
शुक्राना उस प्रभु का जिसने जीवन दान दिया,
असंख्य प्राणियों में सर्वश्रेष्ठ मानव को मान दिया,
संसार प्रभु की चित्रकारी, प्रभु की सारी रचनायें।
मानव धर्म पूजा पाठ, जगा लें प्रभु में आस्थाएं।।

पूजनीय स्थल में हर पहर पूजा पाठ किए जाते हैं,
त्योहारों पर मन से पूजा पाठ किए जाते हैं,
प्रभु भक्त भजन कीर्तन में अपना समय बिताते हैं
प्रभु श्रृंगार में लीन भक्त छप्पन भोग लगाते हैं,
हो जाये जीवन सफल गर सही धर्म अर्थ जान पाएं।
मानव धर्म पूजा पाठ, जगा ले प्रभु में आस्थाएं।।

पूजा पाठ करने से अंतरात्मा की शुद्धि होती,
पूजा पाठ की महिमा निराली रग रग की तृप्ति होती,
स्वत: ही पूजा पाठ में, छूते स्वयं के मस्तक को
मस्तक में ही बुद्धि निर्देश देने वाली शक्ति होती,
तन मन धन से प्रेम भाव का प्रसाद चढ़ाते जाएं।
मानव धर्म पूजा पाठ, जगा लें प्रभु में आस्थाएं।।

पूजा पाठ में दीन दुखियों की मदद करना भी होता है,
पूजा हो सफल जब आसपास कोई भूखा न सोता है,

आडंबर से परे पूजा पाठ हो तभी पूजा का महत्व
पवित्र मन ही पा सकता है पूजा पाठ का अमरत्व,
सात्विक मन से हो पूजा-पाठ यही है मान्यताएं।
मानव धर्म पूजा पाठ, जगा लें प्रभु में आस्थाएं।।
जीवन की प्रभु ही पूरी करते आवश्यकताएं।।

धूप

धूप समभाव से बिखेरे अपना पुंज प्रकाश।
यहां कोई नहीं है मालिक नहीं है कोई दास।
सच्चाई की दुनिया से क्यों भाग रहा है इंसान
पूर्ण करें जीवन की यात्रा रखें न कोई प्यास।।

दीप

दीप में जलती बाती, त्याग तेल का व्यर्थ न जाए।
तिमिर तो स्वयं भयभीत रहे तिमिर कैसे डराए।
दीप से तुम दीप जलाकर फैला दो उजियार,
तूफाँ चाहे लाखों आयें, राह सुगम हो जाए।।

इस वर्ष

आओ इस वर्ष कुछ मन को भी थोड़ा सा साफ करें।
अपने स्वयं के अंतर्मन से कुछ थोड़ी सी बात करें।।

बहुत हो गई बातें सबसे

अब अपने मन की भी सुन लो

उपदेश घनेरे सुने सबके

अपने मन के क्लेश भी सुन लो

कटु सत्य जो सामने रखे

उससे मुंह नहीं फेरना

पीठ पीछे जो करे बुराई

उसको भी नहीं झेलना

सर्वप्रथम स्वयं को पहचाने स्वयं से वार्तालाप करें।
आओ इस वर्ष कुछ मन को भी थोड़ा सा साफ करें।।

सब सुख आनंद के साथी

तकलीफ तो किसी को न भाती

बिन प्रकाश तो अपनी छाया भी

तुरंत साथ है छोड़ जाती

क्यों आए हैं कहां है जाना

इसका भी संज्ञान जरूरी

ऐश ओ आराम के भेड़ चाल को

कभी न देना तुम मंजूरी।

खुद से करें सच्ची दोस्ती, खुद से ही मुलाकात करें।
आओ इस वर्ष कुछ मन को भी थोड़ा सा साफ करें।।
अपने स्वयं के अंतर्मन से कुछ थोड़ी सी बात करें।।

हस्ताक्षर ईश्वर के

हमें ईश्वर ने हस्ताक्षर कर भेज दिया संसार में।
जीवन में जो भरना चाहो भर दो अपने विचार से।।

जन्म बाद परवरिश का होता तो है असर,
हर रोज नया पाठ सिखाती हर सहर,
बस विवेक से अंतर्मन की सुननी है बात
संस्कारों से सुशोभित बढ़ता रहे सफर,
अनमोल जीवन भर दो अनुपम संस्कार से।
हमें ईश्वर ने हस्ताक्षर कर भेज दिया संसार में।।

यह प्यारी दुनिया ईश्वर ने बड़े प्रेम से बनाई है,
इस दुनिया में हर इंसान की अपनी अलग कमाई है,
कोई प्रेम से सरोबार कोई रखे नफरत दीवार
सबने अपनी सोच अपनी करणी से दुनिया सजाई है,
दिव्य आत्मा भौतिक देह मन भर दो प्यार से।
हमें ईश्वर ने हस्ताक्षर कर भेज दिया संसार में।।

परीक्षा बिन न चले जीवन परीक्षा तो देनी है,
दुआओं से भरा रहे जीवन दुआएं भी लेनी है,
ठोकर भी लगेगी गिर कर उठेंगे भी कभी
अपने कर्मों को सुंदर सजग गति भी देनी है,
कर्मों से हो बस मतलब न कि जीत हार से।
ईश्वर ने हस्ताक्षर कर भेज दिया संसार में।।

आभास

आज मुझे आभास हुआ है, कहीं तो कुछ ह्रास हुआ है।
कहीं तो कुछ बर्बाद हुआ है . दूर नहीं मेरे पास हुआ है।।
आज मुझे आभास....

चांदी की दीवार न टूटी,

नफरत की धार है तीखी,

मेरे ही साए में रहकर

कोई दूर अपना खास हुआ है

आज मुझे आभास हुआ है....

जब-जब सच को देखा मैंने,

तब तब झूठ को झेला मैंने,

फल जो आया मेरे हिस्से

वो भी किसी का दास हुआ है।

आज मुझे आभास हुआ है.....

अधरों की मुस्कान भी नकली,

अँसुवन की धार भी नकली,

विश्वास का गला घोट कर

पीठ पीछे वार हुआ है।

आज मुझे आभास हुआ है....

जिसको जाना मैंने अपना,

वो तो निकला दूर का सपना,

एक ही माला के मोती

का क्यों कमजोर तार हुआ है।

आज मुझे आभास हुआ है....

एक एक कड़ी को फिर से जोड़ो,
न की अपने मुल्क को तोड़ो,
ग़र इंसानियत धर्म अपनाया
तभी जीना साकार हुआ है।
आज मुझे आभास हुआ है, कहीं तो कुछ ह्रास हुआ है,
कहीं तो कुछ बर्बाद हुआ है .दूर नहीं मेरे पास हुआ है।
आज मुझे आभास....

मुक्तक

लिहाज़ के बीज बोये, हमने अपनी बगिया में,
उपेक्षा फल कहां से आ गए, घर की डलिया में,
प्रदुषित आसपास का माहौल, उल्टी बहती हवा
खो गए असली लिहाज़ इस रंग बदलती दुनियां में।

चाय की चुस्कियां

चाय की चुस्कियां, झट भगाए सुस्तियां।
कोई याद करे तो आती हैं हिचकियां।।

चाय की चुस्कियां.....

मेहमान की खातिर में सबसे प्रिय चाय ही,
चाय साथ पकोड़े की क्या जोड़ी बनाई जी,
चाय साथ बिस्किट की भी याद तो आए जी
चाय पर बुला के तो ब्याही जाती लड़कियां।
चाय की चुस्कियां.....

ताजमहल, लिपटन, बाघ बकरी चाय हो,
रिश्तो को निभाने में धन्य धन्य चाय हो,
गपशप का मजा भी चाय के साथ हो
खांसी जुखाम में भी देखे चाय की खूबियां।
चाय की चुस्कियां.....

एक कप चाय न मिले तो सिर दर्द आना है
चाय का दीवाना तो सारा जमाना है,
चाय ही बनाती मौसम सुहाना है
अदरक इलायची चाय से महकती हैं प्यालियां।
चाय की चुस्कियां.....

दस्तक

विवेक द्वार पर दस्तक देकर चला जाए वो जाने कहाँ।
पट्टी चढ़ी ईमान धर्म पर बात विवेक की हम माने कहाँ।।

सच्चाई के सच्चे दर्पण के रूप दिखाने तो आता है,
फैले झूठ पर दस्तक देकर पर्दा उठाने तो आता है,
कुछ पल सुख की खातिर मन दर्पण को ढक देते हम
आँख मिचौली खेल में असत्य सत्य पे हावी हो जाता है,
सच्चाई की दर्शन मंशा किसी को अब तो भावे कहाँ।
विवेक द्वार पर दस्तक देकर चला जाए वो जाने कहाँ।

सबका मालिक एक है, पर इबादत के रास्ते अलग अलग
असली मंजिल छोड़कर क्यों भटक रहे अलग थलग,
रक्त की बूंद एक समान, यह बात समझ नहीं पाते हम
एक दूजे पे छींटाकशी में नहीं कभी झपकाते पलक,
शांति के पल शहीद हो गए, बलिदानी वो दीवाने कहाँ।
विवेक द्वार पर दस्तक देकर चला जाए वो जाने कहाँ।
पट्टी चढ़ी ईमान धर्म पर बात विवेक की माने कहाँ।।

कैसी पहेली

कैसी पहेली है ये खुदबखुद कोई आता पास है।
कल तक जो साथ था आज नहीं आस पास है।।

कोई दिल तोड़े तो क्या कर सकता है कोई।
कोई मालिक है तो कोई बना दास है।।

किसी के गुनाहों से बेखबर, जिंदगी देते रहे।
पर्दा उठा गुनाह का मन में आई खटास है।।

पाकीज़ा मोहब्बत में भी लग गए इल्जाम।
कैसे बताएं रुक रुक के चल रही सांस है।।

रूह से रूह नाता न समझे कलयुगी इंसान।
तन से तन का नाता ही बन रहा खास है।।

ईश्वर तेरी दुनिया से मुक्ति कब मिलेगी।
जीता जागता इंसान यहां बन रहा लाश है।।

कोई काम छोड़कर अचानक ही चला गया।
किसी किसी की पूरी नहीं होती तलाश है।।

कैसे केवल आज ही वैलेंटाइन डे मनाऊं

सोचा आज वैलेंटाइन डे मनाऊं
अपने प्रियतम के लिए कुछ ख़ास कर जाऊं,
सोचा आज वैलेंटाइन डे मनाऊं।

कोई बड़ा सा गुलदस्ता
या खिलता गुलाब पेश कर आऊं,
या अपनी मुस्कान से ही दिल बहलाऊं
कुछ इज़हार करुं, कुछ मनुहार करुं,
कुछ उपहार खरीद कर लाऊं
कैसे मैं अपने सनम को रिझाऊं,
सोचा आज वैलेंटाइन डे मनाऊं।

महकता गुलाब बड़ी सी डंडी के साथ,
नाज़ो अंदाज़ से, हमने प्रिय को दिया,
पर गुलाब के कांटे ने खून से रंग दिया
गुलाब पेश करने का सलीका तो सीखो जरा,
जवाब में हमें ये सब सुनने को मिला
सोच रही हो आज वैलेंटाइन डे को कैसे भुनाऊं,
सोचा आज वैलेंटाइन डे मनाऊं।

पर बेचारे गुलाब पर तरस तो खाओ जरा
कितना सुंदर लगता है, अपनी डाल पर सजा,
तुम तो खुद ही गुलाब हो, कभी तो कांटा भी चुभा
कभी कमसिन, नमकीन, कभी बन जाती हो खुदा,
खट्टी मीठी जिंदगी को एक ही दिन की न बना
रोज़ वैलेंटाइन डे मना, रोज़ वैलेंटाइन डे मना,

तुमसे मैं, मुझमे तुम, कैसे ये बात समझाऊं,
कैसे केवल आज ही वैलेंटाइन डे मनाऊं।

चाय

मौसम हुआ बिंदास गरम चाय गिलास
बिगड़ा मूड खुश जब कुरकुरे बिस्कुट का साथ
जाड़े में गरमा गरम चाय हर सुबह की कहानी
आधी से ज्यादा दुनिया होती चाय की दीवानी
ठंड से निजात दिलाय, मेहमानों को भाए चाय
किसी को अदरक चाय किसी को भाए इलायची चाय
अमीर गरीब सबको ही पसंद चाय की चुस्की
थकावट को दूर करें भाग जाए सुस्ती
बिना चाय के होए न कोई तर्क वितर्क न कोई चर्चा,
चाय तो है सस्ती सुलभ न करे, ज्यादा कोई खर्चा
चाय बिन होए न काम जो चाय की आदत पड़ जाए
चाय से स्फूर्तिवान, बिन चाय फिर रहा ना जाए।

जब जब तन्हा होती हूं

जब जब तन्हा होती हूं, पर तन्हा कहां रह पाती हूं।
पुरानी खूबसूरत यादों में, लहर लहर लहराती हूं।।

समुंद्र जल की ध्वनि सा मेरा मचले मन मस्तिष्क,
स्वच्छ आसमान की तरह हो जाए मन परिष्कृत,
सूरज की लालिमा से ही मैं, अद्भुत श्रृंगार करती हूं
क्षितिज में पंछी को देख मैं भी उड़ने लगती हूं,

हवा स्पर्श से ही, हमजोली का साथ पा जाती हूं।
जब जब तन्हा होती हूं, पर तन्हा कहां रह पाती हूं।।

खिड़की से प्रकृति निहारने में समय गुजर जाता है,
स्वप्निल समुंदर जल अचानक पांव धो जाता है,
हर पत्ते पत्ते बूटे बूटे से लगता पुराना नाता है
दूर किसी जलते चिराग से, तिमिर मिट जाता है,

सूरज तपन दिन में भी चांद की शीतलता पाती हूं।
जब जब तन्हा होती हूं, पर तन्हा कहां रह पाती हूं।।

पुलवामा शहीदों को शत शत नमन

पुलवामा के अमर शहीदों को शत शत नमन।
कभी न भूलेंगे आतंकवादियों का यह दुष्कर्म।।

भारत का जवान कफ़न बांधकर निकलता है,
आंधी तूफान बरसात में बेधड़क चलता है,
पीठ पीछे वार करें, बुजदिल आतंकवादी
आमने सामने लड़ने की हिम्मत न रखता है,
जवान खिलाते भारत मां का अनुपम चमन।
पुलवामा के अमर शहीदों को शत शत नमन।।

कुछ आतंकवादी करवाते हैं हिंसक कर्म,
आतंक फैलाना ही उनका तो बस धर्म,
जो फंस गया उनके जाल में बच न सका
वापिस लौटने के रास्ते कर देते हैं बंद,
नासमझ के तो बस बहक गए कदम।
पुलवामा के अमर शहीदों को शत शत नमन।।

आतंकी स्वयं बन जाते स्वयं हाथ का खिलौना,
ना–नुकुर करने पर मिले मृत्यु का बिछोना,
होता सरहद के जवान का ज़ज्बा अनोखा
देश के लिए जीना, चाहे जिंदगी से हाथ धोना।
भारत माता की रक्षा में कुर्बान तन–मन।
पुलवामा के अमर शहीदों को शत शत नमन।।

चाहे पुलवामा में चिथड़े चिथड़े उड़े हों कभी,
शहीद सदा अमर जब तक, आसमा और जमीं,

अब सर से पानी गुजर चुका, ये देश अवतारों का
छोड़ेंगे न रक्षक भक्षक बनने वालों को कभी,
विष हटाएंगे, होगा अमृत के लिए समुद्र मंथन।
पुलवामा अमर शहीदों को शत शत नमन।।

बेटी

बेटी की बजाई शहनाई,
बेटी तो होती पराई
अपने ही बाबुल घर से
बेटी की होती विदाई
ससुराल में खुशियां समाई
पर गूंजते शब्द दूजे घर से आई
आज तक समझ न पाई,
कुल की जन्मदाता माई
अपनी पहचान क्यों न बना पाई।

कुसुमाकर/ ऋतुराज

स्वर्ग से सुंदर धरा मनोहर, दुल्हन सी सज गई धरती।
सक्रियता चरम सीमा पे है, धरा यौवन दम भरती।।

टिमटिम तारों मध्य मृगांक की धवल उजियार रात
मन नयनों से देखा दूर क्षितिज कुसुमाकर आज,
वातायन से झांककर देखा, पुष्पित सुगंधित दृश्य,
मन मष्तिष्क सुखद फुलवारी, खुशबू रग रग महकती।
स्वर्ग से सुंदर धरा मनोहर, दुल्हन सी सज गई धरती।।

गेह कुसुमाकर में रंग बिरंगे पुष्पों पे मंडराते भँवरे,
छूती हवाएं पल्लव को, तितलियों के अदभुद नखरे,
तलैया में जल लहरे फुदक फुदक मचाये हलचल
सूर्य लालिमा प्रतिबिंब निराला, ताल की रौनक बढ़ती।
स्वर्ग से सुंदर धरा मनोहर, दुल्हन सी सज गई धरती।।

कुसुमाकर में अदभुद कलकंठ निर्मल चपलता,
मयूर नृत्य छवि मनोहर, जलधर की छम छम चंचलता,
सतरंगी इन्द्रधनुषी बगिया, स्वर्ग से सुंदर जीवन
उड़ते विहंग, मौसम तरुणाई, कुदरत मेहरबानी बरसती।
स्वर्ग से सुंदर धरा मनोहर, दुल्हन सी सज गई धरती।।

कुसुमित रहे हर वसंत, हृदय की यही अभिलाषा,
मकरंद से भरपूर वाटिका, मधुप की पूरी पिपासा,
अन्दर से बाहर तक मन रहे सदा हर्षित प्रसन्नचित
ऋतुराज की छटा निराली, प्रेम बरसा रही प्रकृति।
स्वर्ग से सुंदर धरा मनोहर, दुल्हन सी सज गई धरती।।
सक्रियता चरम सीमा पे है, धरा यौवन दम भरती।।

फिर से यौवन डोल रहा

पढ़ लिख कर जब बड़ा हुआ तो
अपने व्यापार का शौक लगा,
नहीं करनी जी हजूरी किसी की
मन कोई नौकरी से रोक रहा,
अपने काम की आपाधापी में
दिल फायदे को ही सोच रहा,
कभी लगा बहुत बड़ा झटका
जिसका न कोई तोड़ रहा,
छोड़नी पड़ी सारी विरासत
वृद्ध तन जब कमजोर पड़ा,
कभी तो प्यारी जिंदगी में
प्रेम का सुनहरा मोड़ रहा,
"पढ़ ले रूमानी मज़मून"
दिल आज यह बोल रहा,
स्मृति कलश को खोला जबसे
वक्त सचमुच अनमोल रहा,
भूल गए सारी पस्त जिंदगी
फिर से यौवन डोल रहा।

वसुदेव कुटुंबकम से उद्धार

हर दिल की यही पुकार।
सुख शांति का हो संसार।।

मानवता को अपनाकर।
सिर्फ लुटाते जाओ प्यार।।

ध्यान योग का सहारा लेकर।
पैदा करें सकारात्मक विचार।।

नकारात्मकता की हत्या कर दें।
खिलेगी सर्वस्व बहार।

भौतिकता का मोह न पालें।
आत्मा से ही होगा उद्धार।।

आत्मा के महत्व को जाने।
तभी शांति रहेगी बरकरार।।

अकेले आए अकेले जाना।
फिर क्यों भरने धन भंडार।।

विलासिता के लिए युद्ध है सारा।
उत्तम सादा जीवन उच्च विचार।

शांति से ही परम आनंद प्राप्ति।
वसुदेव कुटुंबकम भाव करे उद्धार।।

गुन्चा

मेरी बगिया का गुन्चा खिलने को तैयार है।
देख उसको है लगता आने वाली बहार है।।

नीले, सफेद, लाल, पीले, गुलाबी,
देख देख गुंचे नयन हो रहे शराबी,
ओस की बूंदों में जब-जब नहाए
निखरे-निखरे और अधिक नजर आए,
सटे-सटे एक दूजे से पर होती नहीं तकरार है।
मेरी बगिया का गुन्चा खिलने को तैयार है।।

जब जब मैं एक गुन्चे को अपने बालों में लगाऊं,
घर के हर कोने कोने को फिर तो मैं महकाऊं,
खिला खिला सा मन रहे नाचूं और गाऊं
गुलदस्ते में लगाकर घर को रोज सजाऊं,
प्रकृति की अनुपम कृति अनमोल उपहार है।
मेरी बगिया का गुन्चा खिलने को तैयार है।।

मेरे मन के गुन्चे भी धीरे-धीरे पट खोल रहे,
देख चकाचौंध की दुनिया धीरे-धीरे डोल रहे,
मन एक मंदिर, सत्य दर्पण का ही उसमें मोल रहे
धैर्य का दामन थाम कर नस-नस को टटोल रहे।
स्वच्छ मन में रहे स्वच्छ तन यही तो स्वीकार है।।

मेरी बगिया का गुन्चा खिलने को तैयार है।
देखके उसको है लगता आने वाली बहार है।।

कल्पवृक्ष खेजड़ी

1787 की वृक्ष खेजड़ी की एक अजब कहानी।
अमृता देवी विश्नोई थी कल्पवृक्ष खेजड़ी दीवानी।।

समझा सदियों पूर्व मारवाड़ ने पर्यावरण को,
जोधपुर खेजड़ली गांव अड़ गया वृक्ष रक्षण को,
मेहरानगढ़ में फूल महल का जो निर्माण कराना था
कारिंदे निभा रहे महाराजा अभय सिंह वचन को।

अमृता देवी व बेटियों को देनी पड़ी कुर्बानी।
1787 की वृक्ष खेजड़ी की एक अजब कहानी।।

पर्यावरण दीवाने कहां किसी की सुनते हैं,
वृक्षों को बचाने को मौत भी चुनते हैं,
खेजड़ी का पेड़ तो है आस्था का प्रतीक
60 गांव, 217 परिवार, 363 हुए शहीद।

कल्पवृक्ष खेजड़ी को दुनियां शमी नाम से जानी।
1787 की वृक्ष खेजड़ी की एक अजब कहानी।।

खेजड़ी फल सांगरी सब्जी, पत्तियों से बकरी भोजन,
और लगता है मेला बलिदानों को करते नमन
नियम बना खेजड़ी वृक्ष कभी नहीं काटा जाएगा।
भादवा सुदी दशम बलिदान दिवस मनाया जाएगा।

पर्यावरण बचाने को याद केरो बलिदानी
1787 की वृक्ष खेजड़ी की एक अजब कहानी।।
अमृता देवी विश्नोई थी कल्पवृक्ष खेजड़ी दीवानी।।

पोस्ट बॉक्स

राह के मोड़ पर

लाल गोल डिब्बे ने

प्रेम से चिट्ठी संभाली

छोटी सी खिड़की से

अपने मन की बाती लिखकर

किसी ने आस से चिट्ठी डाली

चमचम चमकता था

हर कोई ढूंढता था

सबका था मिताली।

शान थी निराली।।

सुबह से शाम तक

समय के पाबंद

सुख-दुख के खजाने

सभी पोस्ट बॉक्स के दीवाने

पता था, पहुंचेंगे सही ठिकाने

बॉक्स तक पहुंचा, चैन लेते दीवाने

कड़कड़ाती धूप में, रिमझिम रिमझिम बरसात में

सबकी चिट्ठी संभाली।

शान थी निराली।।

जब से पोस्ट बॉक्स भुलाया

हाथ लिखा संदेश न आया

संजोकर रखी चिट्ठियां भी फट गई

तुरंत आते संदेश से याद की सीमा घट गई

फटी चिट्ठियां भी सीने से लगा रहे

व्हाट्सएप, फेसबुक, संदेश को मिटा रहे
एक लाइन के संदेश दिल से दिल न मिला रहे
कल तक जो दिल से दिल जोड़ता था
आज खाली डिब्बा है
रंगत उड़ा डाली, बन गया सवाली।
शान थी निराली ।।

सरहद जवान

सर पर कफ़न बाँध ले हथेली पर जान,
वो कोई और नहीं वो तो है सरहद जवान,
अपने घर में चैन से नींद में सोते हम क्योंकि
सीमा पर जवान सुरक्षा करे भगवान समान।

अनोखा लाल जिससे भारत के झंडे की शान,
लिए लोहे का सीना शक्ति से बनाए भारत महान,
जिसके लिए सर्वोपरि देश की आन, बान और शान
बनाए सुरक्षित जहान, तूफान तबाही में बचाए जान।

मेहमान

घर आए मेहमान से ढेर सारी खुशियां मिल गई।
बिन बुलाए मेहमान से जिंदगी खिल गई।।

अच्छा न लगे घर आ जाए बिन बुलाए मेहमान,
मक्खी चूस कंजूस मेहमान के आने से परेशान,
कोई अतिथि देवो भव भाव से करे अतिथि सम्मान
कोई मेहमान तो जैसे आए बनकर ही भगवान।

कभी किसी अनजाने मेहमान से मंजिले दिख गई।
घर आए मेहमान से ढेर सारी खुशियां मिल गई।

मेहमान आना, मेहमान बनके जाना सुखद अनुभव,
मेहमानदारी न हो तो अच्छे न लगे कोई पर्व,
मेहमान खातिरदारी में सिर्फ प्यार रंग भरना,
बनावटी हैसियत के दम कभी मत भरना।

मेहमानों से उत्सव समारोह में घर बगिया खिल गई।
घर आए मेहमान से ढेर सारी खुशियां मिल गई।

किसी किसी को मेहमान बिल्कुल नहीं भाते,
कोई कोई मेहमानों के आने से इतराते,
भारतीय संस्कृति में मेहमान देव तुल्य होते
किसी किसी घर में तो मेहमान पूजे जाते।

महामारी काल में अकेलेपन से दुनिया हिल गई।
घर आए मेहमान से ढेर सारी खुशियां मिल गई।

न काटो पेड़

पेड़ हमारा भरता प्राणों में जीवन संचार है।
अपने जीवन पर मानव कर रहा अत्याचार है।।

महल दुमहले बनाने को तू पेड़ों को है काटता,
अपने ही जीवन को तू टुकड़ों में है बांटता,
पत्थरों से तू प्यार करेगा तो बहुत पछताएगा
पेड़ों की छांव तले ही जीवन बचा पाएगा।

पेड़ को काटना तो समझो अपने पर प्रहार है।
पेड़ हमारा भरता प्राणों में जीवन संचार है।।

पेड़ों को काटना तो सीधा मृत्यु निमंत्रण है,
पेड़ों से ही तो दुनियां में शुद्ध वायु अवतरण है,
पेड़ काटकर हम अपनी जान दुश्मन बना बैठे,
पेड़ बचाने के लिए कुछ अपनी जान गंवा बैठे।

इच्छा को काटो जो बनाती जीवन धिक्कार है।
पेड़ हमारा भरता प्राणों में जीवन संचार है।।

पेड़ हमसे कुछ नहीं लेते सिर्फ देते ही देते हैं,
हमारी दूषित वायु वो लेते हमें शुद्ध वायु देते हैं,
कंदमूल फल पत्तियां, सभी हमारी आवश्यकताएं,
न होते पेड़ तो जीवन की न होती संभावनाएं।

मूर्ख ने जीवन रक्षक पर चलाई कुल्हाड़ी धार है।
पेड़ हमारा भरता प्राणों में जीवन संचार है।
अपने जीवन पर मानव कर रहा अत्याचार है।।

लौट चलें गांव की ओर

क्या क्या सुंदर सपने लेकर आए थे शहर में।
पर फंस गए सिर्फ चकाचौंध की लहर में।

बड़ी–बड़ी सड़कें बड़ी–बड़ी गाड़ियां,
सिटी बसों में भर रही सवारियां,
मेट्रो रेल भी खचाखच भरी हुई
जिधर देखो उधर ही भगदड़ मची हुई
दिन रात एक से बदल रही हैं पारियां,
अजीब सा रहन–सहन दिखती नहीं साड़ियां,
हर तरफ ट्रैफिक जाम है हर कोई पहर में।
क्या क्या सुंदर सपने लेकर आए थे शहर में।

धुंधला धुंधला हो रहा देखो तो आसमान,
खिलने से पहले मुरझा गए बगीचे संग बागवान,
बड़ी–बड़ी इमारतों के दिल छोटे हो गए
शहर में आकर खरे सिक्के खोटे हो गए
हर कोई चाहता यहां बनना है धनवान,
जमीर बेचकर भी पूरे करने हैं अरमान,
"लौट चलें शहर से गांव की ओर" रात न बीते कहर में।
क्या क्या सुंदर सपने लेकर आए थे शहर में।

उड़ान हौसलों की

पंख नहीं उड़ने को, हौसलों की उड़ान लिए उड़ते हैं।
हिम्मत नहीं हारते कुछ, तूफानों में दीए जलते हैं।।

हवाओं के रुख बदल दे ऐसे हौसले रखते हैं कुछ,
नहीं डरते कांटों से, कंटीली राहों पर चलते हैं कुछ,
आग से खेलने वाले कहां डरते हैं चिंगारियों से
बाजुओं के दम सहारे बड़े बड़े काम करते हैं कुछ।

हौसले जवान के देश के लिए जीते, देश के लिए मरते हैं।
पंख नहीं उड़ने को, हौसलों की उड़ान लिए उड़ते हैं।

खुदा के नेक बंदे कुछ, इबादत में गुजारते राते हैं,
सच्चाई की सच्चाई के साथ करते रोज मुलाकातें हैं,
हौसलों की उड़ानों को गति मिले सच्चाई के साथ ही
पाक साफ दिल वालों को मिलती सुंदर सौगाते हैं।

प्रेम के हौसलों से प्रेम के बगीचे खिले खिले महकते हैं।
पंख नहीं उड़ने को, हौसलों की उड़ान लिए उड़ते हैं।
हिम्मत नहीं हारते कुछ, तूफानों में दीए जलते हैं।।

देश माटी तिलक

देश माटी का तिलक लगाकर
जीते हैं हम शान से।
भारत माता फल फूल रही
ईश्वर के वरदान से।।

शांति सौहार्द से नाता हमारा
अहिंसा के पुजारी,
अतिथि देवो भव से खिलती
भारत की फुलवारी,
जय हिंद की आवाज गूंजेगी
कश्मीर से कन्याकुमारी,
सरहद पर हिमालय खड़ा है
करता भारत की रखवारी।
मिलजुल कर आजादी पाई
वीरों के बलिदान से।
देश माटी का तिलक लगाकर
जीते हैं हम शान से।।
भारत माता फल फूल रही
ईश्वर के वरदान से।

भारत माता की धरती पर
गंगा जमुना बहती हैं,
अवतार स्वरूप ईश्वर कृपा
इस धरती पर ही बिरसती हैं,
योग साधना आयुर्वेद जननी भी
मेरा देश भारत है,

प्रेम, दया, त्याग, तपस्या
भारत की संस्कृति है।
मंदिर, मस्जिद, गिरजा, गुरुद्वारे
सबको बराबर मान दे।
मिलजुल कर आजादी पाई,
वीरों के बलिदान से।।
देश माटी का तिलक लगाकर
जीते हैं हम शान से।
भारत माता फल फूल रही
स्वयं ईश्वर के वरदान से।।
देश माटी का तिलक लगाकर
जीते हैं हम शान से।।

मुक्तक

लाज में सने दिल बात पहुंचा न पाए उस दिल तक,
झुकी नजरों के इल्ज़ाम ने, पहुंचाया बुजदिल तक,
हिम्मत जुटाके जब उठाए हमने जल्दबाजी में कदम
हादसे पे हुए हादसे पहुंचे न कदम मंजिल तक।

मतदान हमारा अधिकार

देश माटी का तिलक लगाकर
जीते हैं हम शान से
स्वतंत्र देश के वासी हैं हम
मतदान हमारा अधिकार है।

जनता का शासन, जनता के द्वारा
जनता के लिए चुना जाता नेता
जनता का कल्याण करे तो ठीक
वरना मतदान से हटाना अधिकार है

गौरवान्वित है हर नागरिक
देश निर्माण में सबका साथ
हर एक के अमूल्य वोट से
खिलता देश का हर परिवार है

तानाशाही की गुंजाइश नहीं
प्रजातंत्र की बात निराली
गणतंत्र गणराज्य भारत महान
मतदान से शक्तिशाली सरकार स्वीकार है।

गणतंत्र दिवस

भारत का लोकतांत्रिक गणराज्य
संपूर्ण विश्व को करता गर्वित।
गणतंत्र दिवस याद दिलाता
दूसरे की स्वतंत्रता न हो बाधित।
स्वतंत्रता का रखके मान
अपनी स्वतंत्रता करें समाहित।
अनेकता में एकता विशेषता हमारी
ऐसी मिसाल करनी स्थापित।
अपनी इबादत अपने साथ
दूजे की इबादत भी सम्मानित।
तिरंगे की छत्र छाया में
हम हिंदुस्तानी हैं सुरक्षित।
हर जवान देश का
कैसे तन मन से समर्पित।
कश्मीर से कन्याकुमारी
ऊंचा रहे तिरंगा हो मन हर्षित।
दुश्मन तू आंख न दिखा
हिंदुस्तानी वीर शक्ति से संचित।
भारत बहुत बड़ा महान गणतंत्र,
जनता ने चुना, मुखिया न होता वंशानुगित।
जनता का शासन, जनता के द्वारा
जनता को ही समर्पित।
भारत का लोकतांत्रिक गणराज्य
संपूर्ण विश्व को करता गर्वित।

राष्ट्रीय बालिका दिवस

24 जनवरी आई स्मरण कराने
राष्ट्रीय बालिका दिवस।
दिन प्रतिदिन, भारतीय बालिका
बन रही है सशक्त।।

कोख में न जानने की कोशिश कर
बालिका है या बालक,
बस इतना सा दे ध्यान,
कौन रक्षक कौन तुम्हारी पालक,
बालिका एक पुष्प समान,
खुशबू से कर देगी सरोबार,
जिस घर में हो बालिका,
प्रभु का बड़ा ही उपकार।
जो देश धरती को मां माने,
बालिका क्यों हो तिरस्कृत।
24 जनवरी आई स्मरण कराने
राष्ट्रीय बालिका दिवस।।

बेटी बचाओ बेटी पढ़ाओ,
सुसंस्कृत हो जायेगा परिवार,
मन में झांक कर देखो,
बेटी सा अमूल्य नहीं कोई उपहार।
बेटी समानता की अधिकारी,
बेहतर मिले उसे माहौल,
दो कुटुंबो को जोड़ने वाली,
बेटी से जीवन बने अनमोल।

जिस घर जन्म ले बालिका,
ईश्वर वरदान से घर पुरस्कृत
24 जनवरी आई स्मरण कराने
राष्ट्रीय बालिका दिवस।
दिन प्रतिदिन भारतीय बालिका
बनती जा रही सशक्त।।

मुक्तक

शबनम में नहाई कली कुछ कुछ खिलने लगी थी,
पड़ी जो सूरज की किरणें और चमकने लगी थी,
जब नजर पड़ी उसपर एक आवारा से भंवरे की
खिली भी नहीं कि जिंदगी अभिशाप समझने लगी थी।

मुक्तक

आ जाओ मेरे सनम, सुहानी शाम गुजर जाएगी,
तेरे नहीं आने से, यह शाम बेगानी कहलाएगी,
आने पर इनायत किसी ओर पे न ग़ौर फ़रमाना
यकीन मानो मेरे दोस्त, मेरी जान चली जाएगी।

नेताजी सुभाष चंद्र बोस

राष्ट्रवादी, क्रांतिकारी नेता थे सुभाष चंद्र बोस।
आजाद हिंद सेना निर्माण, नेताजी की अलग सोच।।

23 जनवरी 1897 में जन्मा भारत में एक वीर सपूत,
प्रभावती देवी, वकील जानकीनाथ बोस के गंभीर पूत,
गुपचुप बनाई विशाल सेना भेष बदल घूमे इधर–उधर
निडर सच्चे देशभक्त नेता, आजादी की पकड़ डगर,
मुझे खून दो, मैं आजादी दूंगा की भावना से ओतप्रोत।
राष्ट्रवादी, क्रांतिकारी नेता, थे सुभाष चंद्र बोस।
आजाद हिंद सेना निर्माण, नेताजी की अलग सोच।।

आजादी दी नहीं, ली जाती है, देश मांग रहा बलिदान,
खून बहाने से मिले आजादी, लगा दो अपनी अपनी जान,
ब्रिटिश शासन के खिलाफ, सैन्य विरोध प्रकट किया
हिंसा बिना न मिले आजादी ऐसा उन्होंने मत दिया
असहयोग आंदोलन संग ब्रिटिश सरकार के निकाले दोष।
राष्ट्रवादी, क्रांतिकारी नेता, थे सुभाष चंद्र बोस।

नेताजी जैसा न कोई जन्मा न कोई माई का लाल होगा,
आजादी दीप जला गए देखो प्रकाशित हिंदुस्तान होगा,
खून के बदले मिली आजादी कैसे भूल पाएंगे हम
जब तक खून की बूंद बचेगी, देश को बचाएंगे हम।
शत शत नमन नेताजी को आजादी की मिली जो मौज।
राष्ट्रवादी, क्रांतिकारी नेता थे सुभाष चंद्र बोस।
आजाद हिंद सेना निर्माण, नेताजी की अलग सोच।।

प्रजातंत्र है भाई

प्रजातंत्र है भाई
समाज सुधारक
समाज सुधारने के लिए
प्रजातंत्र के प्राचीर पर मुक्त था
कुछ भी बोलने के लिए।

प्रजातंत्र है भाई
भीड़ से घिरा हुआ
जनता के सामने था
पर अदृश्य बंदूक तनी थी
शब्दों को तोलने के लिए।

प्रजातंत्र है भाई
बेफिक्र थे शैतान से
सलाखों की कैद में है वो
क्या पता था कोई खड़ा
पिछला द्वार खोलने के लिए।

प्रजातंत्र है भाई
इसीलिए सोचा भी न था
अदालतों के फैसलों में
गुनहगार बच निकलेंगे
और नियम तो बने तोड़ने के लिए।

प्रजातंत्र है भाई
बारूद के ढेर पर झूठ का झंडा

आंखें बंद कर देख रहे सभी
कब बनेगा कोई सच्चाई बम
झूठ को फोड़ने के लिए।

प्रजातंत्र है भाई
जनता का शासन
जनता के लिए, जनता के द्वारा
महंगाई से जंग कैसे लड़ी जाए
स्वतंत्र जनता बनी ये सोचने के लिए।

चौबारा

चौबारे में वातायन से शुद्ध हवा बरसती है,
शीशे के महलों में तो सिर्फ शोभा दमकती है,
ग़र होता वातानुकूलित सब तो होता सन्नाटा,
दिल मिलते चौबारे में जिंदगी यही निखरती है।

मुक्तक

पर काली स्याही धीरे धीरे बिखेरी ज़माने ने।
वीरान हो गई जिंदगी, जालिम दुनिया के ताने बाने में।
मासूम को सताने में क्या मज़ा मिलता है ए वक्त तुझे भी
पर खुदा घर देर, अंधेर नहीं, कुछ पल बचे भोर आने में।

सोच नहीं पाए थे पहले

उन दिनों की बात निराली

ख्याली पुलाव से भरते थाली,

कभी सपने एक संग हजार

कभी किसी से आंखें चार,

कभी तितली के पीछे भागे

कभी मोर के पंख संभाले,

बरसात के पानी में छप छप

कभी इठलाते करते गपशप,

गिल्ली डंडा छुपन छुपाई

रेत में तस्वीर बनाई,

पतंग बहाने किसी को देखा

क्योंकि खींची हुई थी लक्ष्मण रेखा,

पर हर नहले पर अब होंगे दहले

"सोच नहीं पाए थे पहले",

व्हाट्सएप पर ही सूरज दर्शन

फेसबुक पर सर्वस्व अर्पण,

आसान नहीं अब जीवन सफर है

व्हाट्सएप, फेसबुक पर पल-पल की खबर है,

अनजानो से जुड़ गए रिश्ते

व्हाट्सएप, फेसबुक बन गए फरिश्ते,

कोरोना का दौर जो आया

धड़ाधड़ मौत का शोर तो आया,

अकेलेपन की मिली सजा

तब व्हाट्सएप, फेसबुक बने खुदा,

स्वरूप आभासी पटल में बदले

"सोच नहीं पाए थे पहले"।

सपने पराए कभी अपने

इंद्रधनुषी रंगीन दुनिया के रंगीन नजारे।
कुदरत ने स्वयं बिखेरे ये हसीन नजारे।।

रंगीन दुनिया में कैसे न देखें रंगीन सपने,
सपनों में बिन पंख आसमां में लगे उड़ने,
पर जब कभी दुखों का लगे पहाड़ टूटने
तब तब ईश्वर की माला लगे जपने।
दुख में सपने लगे पराए ढूंढने लगे सहारे।
इंद्रधनुषी रंगीन दुनिया के रंगीन नजारे।।

सपने देखने में कोई मूल्य नहीं लगता,
रंक के सिर राजा का ताज कहीं सजता,
कल्पना के घोड़े पर जब होते सवार
अपनेपन का साज भी तभी बजता।
सपनों के समुंदर को मिल जाते किनारे।
इंद्रधनुषी रंगीन दुनिया के रंगीन नजारे।।

खुली आंखों से जब देखे जाते सपने,
मेहनत की डोर से सच करने होते सपने,
तभी पूरे होते सपने लगते अपने अपने
आलस्य वश कभी न तोड़ने होते सपने।
सार्थक सपनों से पाते हाथों में सितारे।
इंद्रधनुषी रंगीन दुनिया के रंगीन नजारे।।
कुदरत ने स्वयं बिखेरे ये हसीन नजारे।।

बना रहे साथ

लड़खड़ाते कदम हैं हौसले बुलंद हैं

कंपकंपाते हाथों को पकड़े सनम हैं

यूं ही नहीं मिलता कोई किसी को

स्वर्ग में ही बन जाते

सात फेरों के बंधन हैं

जीवन की अंतिम सांस तक

बना रहे साथ

चाहता हर कोई ईश्वर के रहम हैं

कभी-कभी छूट जाते हाथ

रह जाती तन्हाई

कहां चले जाते वे वादे कसम हैं

कहते जीवन साथी गाड़ी के दो पहिए

घिसट घिसट के चलती जिंदगी

एक टूट जाए तो हो जाते अपंग हैं

जितना साथ लिखा ईश्वर ने

उसको तुम प्रेम से जी लो

भर लो आंचल में जितने भी प्रेम रंग हैं

कोई कभी न जान सका

कब आएगा जिंदगी का अंतिम पड़ाव

जिंदगी मौत के अपने-अपने ढंग हैं

न साथ आए न साथ जा सकोगे

स्मृति कलश का खजाना रखो अपने पास

कभी न कहना जिंदगी रंग बदरंग हैं।

रिश्तों का चक्रव्यूह

रिश्तों का प्यार होता है अद्भुत अनंत अपार।
किसी न किसी रिश्ते में उलझा रहता यह संसार।।

रिश्तों की ऐसी परिभाषा अचेतन से जुड़ते इंसान,
मोह में फंसे छोड़ न पाते ईंट पत्थरों के मकान,
कोई निभाए खून रिश्ते कोई रखें दिल से मान
कोई कोई तो बस रिश्तों की पकड़े रखे कमान।

जीना यहां मरना यहां सजेगी पुश्तैनी घर में मजार।
रिश्तों का प्यार होता है अद्भुत अनंत अपार।

मित्र शत्रुता दोनों शामिल, रिश्तों की परिभाषा में,
ईर्ष्या द्वेष में रंगे रिश्ते जीवन में घोर निराशा दें,
सात फेरों में बंधे रिश्ते जीवन को नई आशा दें
कई बार उलझ जाते रिश्ते सिर्फ प्रेम पिपासा में।

ममता से सीचें रिश्तों से गुल गुलशन गुलजार।
रिश्तों का प्यार होता है अद्भुत अनंत अपार।।

उलझे हुए रिश्ते पर जीने का सहारा होते रिश्ते,
जीवन के चक्रव्यूह में फंसे जाने अनजाने रिश्ते,
जन्म लेते ही जुड़ जाते न जाने कितने रिश्ते,
कुछ तो समझ से परे होते अनोखे रिश्ते।

जब तक रहेगी दुनिया रहेगी रिश्तो की बहार।
रिश्तों का प्यार होता है अद्भुत अनंत अपार।।

सुकून

सुकून के दो पल बचपन के हुआ करते।
उलझनों से दूर सबको अपना समझते।।

जब धीरे–धीरे बड़े होते सुकून खोने लगते,
जीवन आपाधापी में हंसने कभी रोने लगते,
अपने ही दिल दिमाग में उठती लहरों से
वक्त के साथ झूठे सच्चे सपने संजोने लगते।

कभी–कभी खोकर सुकून रात को जगते।
सुकून के दो पल बचपन के हुआ करते।

किसी के काम आ सके तो सुकून जरुर मिलता है,
गैर भी दुख समय दिल अजीज ही दिखता है,
सुकून पाने के लिए कुछ बातों का रखना ध्यान
इच्छाएं नियंत्रित हो तो सुकून जरुर मिलता है।

सच्चे साफ मन वालों को सुकून मिला करते।
सुकून के दो पल बचपन के हुआ करते।।

ईर्ष्या द्वेष से मिलता न लाभ सुकून ही जाता है,
कोई एक दूजे से तुलना कर अपना मन ही जलाता है,
जितनी चादर उतने पैर पसारे तो मिलेगा सुकून
जो बिन सोचे भेड़चाल चला औंधे मुंह गिर जाता है।

बोए फल बबूल के तो आम कहां से फलते।
सुकून के दो पल बचपन के हुआ करते।।

मकर संक्रांति

पृथ्वी पर सूर्य महिमा से ही प्राणों का संचार।
न होते सूर्य देव तो पृथ्वी पर होता अंधकार।।

सूर्य का मकर राशि में प्रवेश, देता कई सन्देश।
मकर संक्रांति में आध्यात्मिक छिपा अधिकार।।

लोहड़ी, पोंगल, माघी, पोष संक्रांति, बिहू कई नाम
सब नामों में बसता हिन्दू धर्म, पवित्र ज्ञान का भंडार।।

सुबह गंगा में डुबकी लगायें, पापों से छुटकारा पाएं।
जीवन सफल हो जाए करना होगा कुछ ऐसा उपचार।।

गुड़, तिल, मूंगफली, खिचड़ी दान, और गुड़ पकवान।
मौसम में आई तरुणाई, खेत खलियान में बहता प्यार।।

संतुलन ऐसा हर वर्ष का खास यह निश्चित दिन।
खास दिन की खास बातें सौर चक्रा अनुसार।।

आसमां पर नजर टिकाने का दिन आया।
पतंग डोर ने हवा के साथ जोड़ा अनोखा तार।।

पतंग डोर के सहारे, अपने सपनों को पंख लगाएं।
आसमान में झूमती पतंगों में हौसलों का संसार।।

सौहार्द व भाई चारे से ओत प्रोत मकर संक्राँति,
'गीता' विश्व में शांति की रखे हर कोई कामना बेशुमार।।

विश्व में हिंदी सजाओ

हिंदी है प्रेम की भाषा विश्व में हिंदी सजाओ।
अन्य सुन्दर भाषाओं साथ हिंदी में रम जायो।।

सब भाषाओं का मान पर हिंदी हिंदुस्तान की जान,
हाथ जोड़कर करें नमस्ते जोड़ने का करे काम,
हिंदुस्तान की हिंदी भारत की आन और शान,
चप्पे-चप्पे में पहुंचाएगी हिंदी शांति का पैगाम।
हिंदी की अनुपम भाषा का गीत सुहाना गाओ।
हिंदी है प्रेम की भाषा विश्व में हिंदी सजाओ।

माना विश्व में टिके रहने में अंग्रेजी ज्ञान जरुरी,
पर हिंदी है मधुर भाषा, थोड़ा ध्यान जरूरी,
हिंदी दिल से निकली भाषा भारत मां की नूरी,
हिंदी की पटरी पर ही होगी जीवन यात्रा पूरी।

हिंदी दिल से दिल जोड़ती, दिल से दिल मिलाओ।
हिंदी है प्रेम की भाषा विश्व में हिंदी सजाओ।

हिंदी है माथे की बिंदिया सदा माथे पर रहेगी,
चारों दिशाओं में हिंदी अब आगे बढ़ती रहेगी,
संस्कृत सब भाषाओं की जननी हिंदी उसकी पूरक,
संख्या में हम सबसे आगे हिंदी नया इतिहास गड़ेगी।

आज आवश्यकता है हिंदी की महक फैलाओ।
हिंदी है प्रेम की भाषा विश्व में हिंदी सजाओ।

दिल स्मृति पर अंकित नाम

अपनी डायरी से मिटा कर उसका नाम तो जाते हो।
दिल स्मृति पर अंकित नाम कहां मिटा पाते हो।।

जानते हैं ढूंढती हैं आंखें आज भी उसको ही,
झलक पाने को ढूंढते हो फेसबुक पर उसको ही,
समय ने ही शायद उससे मिलने नहीं दिया
या तुम्हारे इरादों ने तुम्हारा साथ नहीं दिया।

अपने ख्वाबों में आने से कहां रोक पाते हो।
अपनी डायरी से मिटा कर उसका नाम तो जाते हो।

दुनियां की बंदिशें हैं चुप चुप के आहें भरते हो,
मिलने के ढूंढते बहाने, पर दुनिया से डरते हो,
पाक साफ प्रेम का अगर मतलब जान लिया होता
प्रेम विचारों का गर आदान प्रदान किया होता।
राधा कृष्ण सा प्रेम करो, क्यूँ दुनियां से छिपाते हो।।

अपनी डायरी से मिटा कर उसका नाम तो जाते हो।
दिल स्मृति पर अंकित नाम कहां मिटा पाते हो।।

निर्णय

एक निर्णय से पूरा इतिहास बदल जाता है।
निर्णय सही न हो तो इंसान दर दर ठोकर खाता है।।

सोच समझ कर निर्णय लेने से बनती है बात,
गलत निर्णय से हमेशा ही पहुंचता है आघात,
होते अदालतों के निर्णय सबूतों के आधार पर
कभी दिमाग पर हावी हो जाती दिल की फरियाद।

भावुकता में लिए निर्णय दिलवाला समझ पाता है।
एक निर्णय से पूरा इतिहास बदल जाता है।।

कई निर्णयों पर प्रश्न चिन्ह, आज भी हमारे जीवन में,
शारीरिक श्रम की कीमत कम आंकी जाती जीवन में,
आतंकवादी बनने का निर्णय तो अच्छी बात नहीं
मखमल या टाट पैबंद निर्णय सबका अपनी सीवन में,

देश खातिर मर मिटने का निर्णय देशभक्तों को भाता है।
एक निर्णय से पूरा इतिहास बदल जाता है।।

कुछ लोग निर्णय लेने में बहुत समय लगाते हैं,
समय कीमत न जानी तो निर्णय असफल हो जाते हैं,
सही समय पर सही निर्णय भाग्य में इजाफा करते हैं
सबकी भलाई को लेना निर्णय बेड़ा पार करवाते हैं।

देश के हित में लिया गया निर्णय देश की मर्यादा है।
एक निर्णय से पूरा इतिहास बदल जाता है।

शरद ऋतु मेरी मनभावन

शरद ऋतु मेरी मनभावन,
सुनहरी धूप लगे अति पावन।

गरमा गरम चाय कहवे का स्वाद
भरवां परांठे खिचड़ी भात
अग्नि जलाकर तापते हाथ,
पसीने से मिले निजात,
मूंगफली आनंद अति भावन!
शरद ऋतु मेरी मनभावन!
सुनहरी धूप लगे अति पावन!

मोटी मोटी रजाइयो में घुसना,
गजक रेवड़ी का सेवन करना,
गाजर हलवे की तो बात निराली,
शकरकंदी को कोयले पर भूनना,
सरसों साग मक्के की रोटी हर आंगन,
शरद ऋतु मेरी मनभावन!
सुनहरी धूप लगे अति पावन!

देखे सुंदर नजारे नयना,
पहाड़ों पर बर्फ का गिरना,
मैदानों में शीत लहर का चलना,
शरीर को पूरा ढक कर रखना,
गुड़ बाजरे का मौसम आवन,
शरद ऋतु मेरी मनभावन!
सुनहरी धूप लगे अति पावन!

जो भी खाएं फौरन पच जाए,

इसीलिए स्वस्थ रितु कहलाए,

सर्दी के कुछ नियम अपना कर,

अच्छे स्वास्थ्य का साथ पाएं,

आलस्य के नहीं कोई कारण!

शरद ऋतु मेरी मनभावन!

सुनहरी धूप लगे अति पावन!

मुक्तक

गए हम महफिल में जहां गैरों का पहरा,

अपनों ने लगाया गैरों का चेहरा,

दिल पर क्या गुजरी क्या क्या बताएं तुम्हें,

कोई तो आए हमसे रखे वास्ता गहरा।

मुक्तक

जिंदगी भर जंग रहेगी हारे भी क्यूं,

मन तरंगे जन्म लेंगी मारे भी क्यूं,

जज्बातों के घेरे में गोता लगा ले

उमंगे जगेंगी, ढूंढे सहारे भी क्यूं।

कलम धार

सच्ची जुझारू कलम धार।
अदना सा एक कलमकार।।

आईना समाज को दिखाए,
युगों का इतिहास बताए,
आने जाने का चले क्रम,
पर अदना कलम न रुक पाए।

अमर कलम जब तक संसार।
सच्ची जुझारू कलम धार।

विचारों का आदान–प्रदान,
राजनीति या सरहद पर जवान,
अदना से मस्तिष्क के जरिए,
अवलोकन क्रिया प्रतिक्रिया संज्ञान।

समाज नैया लगाए पार।
सच्ची जुझारू कलम धार।

न हो कलम तो नीरस जीवन,
वर्तमान, भूत, भविष्य का न दिखे दर्पण,
आस्था प्रेम का न मिले एहसास,
सोच शक्ति पर लग जाए ग्रहण।

कलम और लेखक अदभुद चमत्कार।
सच्ची जुझारू कलम धार।
अदना सा एक कलमकार।।

चंद साँसों का कारवाँ है जिंदगी

चंद साँसों का कारवाँ है जिंदगी, कुछ अच्छा कर जाएं
इतिहास के पन्नों में थोड़ा सा नाम दर्ज कर जाएं।

जीवन नीरस न रहे, जीवन में नई ताजगी भर लाएं
जाना तो एक दिन सबको, जाने से पहले न मर जाएं।

हक न छीने किसी के, किसी के आंसू कम कर जाएं
दर्द न दे किसी को किसी का थोड़ा दर्द कम कर जाएं।

गिरेबां में न झांके किसी के, अपने गिरेबां में झांकते जाएं
ख्वाब में भी कभी हकीकत के धरातल को न ठुकराएं।

किसी कांधे से न साधे निशाना, अपने बाजू में दम लाएं।
अनाड़ी बन न देखे तमाशा, समझदारी परचम लहराएं।।

हाथ लकीरों को बदलना कठिन, पर हिम्मत जुटाएं
जीवन नैया फंसे मझधार में, विवेक से नैया पार लगाएं।

मेहनत से जगाए भाग्य, कठिनाइयों से न घबराएं।
जन्मों जन्मों का गणित, कर्मो से अनमोल जीवन पाए।।

जाग मुसाफिर भोर भई

स्मरण रख यह बात सदा लौटके फिर न आता पल।
ए मनु समय सदुपयोग से जीवन सरल बनाता चल।

जाग मुसाफिर भोर भई सोने में न समय गवां।
प्रथम भास्कर स्वर्णिम किरण से आलस्य को भगा।
भोर में परिंदे भी अपनी उड़ान भरने लग जाते हैं
सोने में रात बिताई भोर में तो अपना भाग्य जगा।

न पहचानी जो भोर कीमत रुलाए आने वाला कल।
स्मरण रख यह बात सदा लौटके फिर न आता पल।।

रात चांदनी नियमानुसार काली रात में छिप जाती है।
ब्रह्म मुहूर्त का संदेशा लेकर भोर समय से आती है।
जैसे ही सूरज चमके निंदिया रानी से लेनी विदाई
ताजगी, स्फूर्ति भरी भोर हर रोज नई चेतना लाती है।।

देर से जागे काम अधूरे, रहे खेद हाथ रह जाता मल।
स्मरण रख यह बात सदा लौटके फिर न आता पल।।

मुक्तक

अटूट विश्वास डोर कोरे कागज पर हस्ताक्षर कर दिए।
अदभुद चित्रलिपि हस्त हुनर से गागर में सागर भर दिए।
हृदय कलश की स्मृति संकलन में जो धोखे से आ गए
वो वादे सताते रहे जो बहकावे में आकर कर दिए।।

हाय महँगाई

हाय महँगाई हाय महँगाई
कैसी आफत आई।

गैस सिलेंडर महँगा हुआ
स्कूलों ने फीस बढ़ाई
तनखाह तो बढ़ी नहीं है,
क्यों बढ़ रही महँगाई
हाय महँगाई हाय महँगाई।

कपड़ा, साबुन, तेल, मसाला
सब पर ही आफत आई,
नून, आटा तो हैं जरूरी
नहीं खानी हमें मिठाई
हाय महँगाई हाय महँगाई।

दो जून की रोटी का झगड़ा
तन ढकने को चाहिए कपड़ा
कैसे जरूरतें पूरी करें अब
हर और महँगाई लफड़ा
बनी जिंदगी दुखदाई
हाय महँगाई हाय महँगाई।

प्यार से बोल रे

प्यार से बोल रे
कंठ रस घोल रे
मीठी बोलियां
बन अनमोल रे।

जिंदगी की आह को
कांटे भरी राह को
'जीतना प्यार से'
बस लेना दुआ को
दिल न तू तोड़ना
दिल से दिल जोड़ना
कभी डरना नहीं
प्यार फल तोड़ना
पवित्र बांध मौंलिया
जगत को तोल रे
प्यार से बोल रे
कंठ रस घोल रे...

शत्रु से मधुर बोल
पर राज न तू खोल
बात बना चातुर्य से
घुमा दे गोल-गोल
कड़वे शब्द चुभते
सीने में हर एक के
दोस्ती या दुश्मनी
चल दे मुंह फेर के

प्यार की गोलियां
चख अमृत मोल रे।
प्यार से बोल रे
कंठ रस घोल रे ...

जीवन चांदी सोना है

कभी इंसान बन जाता भाग्य का खिलौना है।
कभी कभी परिवर्तन हमारा बिछया बिछौना है।
समयानुसार मौसम परिवर्तन सुंदर सलौना है,
समय, असमय जिंदगी, सुख दुख का दौना है।।
विषाणु भी बदल रहा स्वरूप, हमे सतर्क होना है।

मानव तोड़े प्रकृति नियम स्वरूप हो जाए घिनौना है।
पीड़ाओं से अछूता दुनिया का नहीं कोई कोना है।
जिंदगी में कभी झोली भर जाए, कभी कुछ खोना है,
भुलाकर दुखद पल, बचे हुए पलों को संजोना है।
भूल से भी भूल न करना जीवन तो चांदी सोना है।।

अनेकता में एकता

हम दुनिया में सबसे अलग यही हमारी शान है।
अनेक में एक हिन्दू हैं हम, भारत देश महान है।।

मुख्यत: भारत में 21भाषाएं हर दिशाओं में बहती हैं,
हर क्षेत्र की अपनी भाषाएं नया इतिहास रचती हैं,
मुंह बोली अलग-अलग पर दिल की भाषा एक है
विभिन्न मातृ भाषाएं भारत के हृदय में नया रंग भरती हैं।

भाषाएं अलग अलग पर हम एक दूजे की जान है।
अनेक में एक हिन्दू हैं हम, भारत देश महान है।।

अनेक जातियां, रीति रिवाज सबसे हमें प्यार है,
सब त्योहारों में शामिल होना भरता नया संचार है,
हर क्षेत्र की अनेक परंपराएं खुशी से हम निभाते हैं
एक दूजे से गले मिलकर खुशियां मनाना स्वीकार है।

हर जाति का मान रखकर करते आदर सम्मान है।
अनेक में एक हिन्दू हैं हम, भारत देश महान है।।

अनेक धर्म हैं, मुख्यत: हिन्दू मुस्लिम सिख ईसाई,
धर्म भाव गौण रखकर मिलजुलकर आजादी पाई,
संविधान में सर्व धर्म मान्य सबको मिले समान अधिकार,
अपनी अपनी इबादत करनी एक दूजे की चाही भलाई।

संविधान हमारा अनेकता में एकता की मिसाल है।
अनेक में एक हिन्दू हैं हम, भारत देश महान है।।

कश्मीर से कन्याकुमारी तक अलग अलग पहनावे हैं,
रंग बिरंगे एक दूसरे के पहनावे सभी हमको भावे हैं,
कभी सर्दी, गर्मी, बरसात, प्रकृति दिखाये विभिन्न रूप,
विभिन्नताओं के बीच रहकर हम एक दूजे में समावे हैं।

अनेकता में एकता की बहती धारा बनाती बलवान है!
अनेक में एक हिन्दू हैं हम, भारत देश महान है!

दिव्यांग

किसी का मस्तिष्क दिव्यांग किसी का तन दिव्यांग।
दोनों ही सूरत में होती तो है सहारे की है मांग ।।

दुःख भरी है जिंदगी, व्यक्ति निःशक्त की ।
है सहारे की तलाश, पर होती पाबंदी वक्त की

बेसहारे को सहारा देना, सबसे बड़ा उपकार है ।
थोड़े सहारे से दिव्यांगजन का स्वस्थ बनता संसार है।।

दिव्यांग को हौसला मिले, तो कर जायेंगे चमत्कार।
दिव्यांगजन विश्वास मिले तो झंडे गाड़ेंगे बारम्बार ।।

प्रेम जीवन का असली पैगाम

बंधन सिर्फ प्रेम का असली जीवन पैगाम है।
जो समझ गया इस सार को जीना आसान है।।

प्रेम के बंधन में बंधकर शत्रु भी पिघल जाते हैं,
सात फेरों के प्रेम बंधन, जीवन भर साथ निभाते हैं,
दूर रहें या पास रहें, पर प्रेम सदा प्रगाढ़ रहे
दिल से दिल का रिश्ता है, दिल से संबंध निभाते हैं।

प्रेम बंधन की बगिया का होता अमूल्य दाम है।
बंधन सिर्फ प्रेम का असली जीवन पैगाम है।।

प्रेम बंधन का कोई रिश्ता तो कुदरत का उपहार है,
कोई रिश्ता दिल से जुड़ कर लुटाता सिर्फ प्यार है,
प्रेमी बनकर प्रेम से प्रेम को ही बरसाना तुम
स्वार्थ वश प्रेम बंधन को करना नहीं स्वीकार है।

दिल से दिल के जो जोड़े रिश्ते रखना उसका मान है।
बंधन सिर्फ प्रेम का असली जीवन पैगाम है।।

मुक्तक

मेरी स्मृति कलश में, सुख –दुख बड़ा निराला है।
दूरी से कुछ फर्क नहीं, तट दिल का सदा उजाला है।
कलश शिखर पर धार लिया, हृदय तुला पर परखा जो,
समय अभी जो बीत रहा है, वह तो बड़ा जियाला है।।

पायल

गौरी जब जब प्रसन्न हो मुस्कुराती।
तब तब पांव की पायल छमछमाती।।

मयूर भांति झूम झूम कर जब नाचे दिल।
पाजेब पांव सौंदर्य में चार चांद लगाती।।

हर दुल्हन का श्रृंगार व ख्वाब है पाजेब।
छम छम बज बहुरानी का एहसास कराती।।

घुंघरू वाली पाजेब की बात निराली।
सुमधुर ध्वनि सबको हर्षाती।।

पांव की बेड़ी नहीं, प्रेम प्रतीक है पायल।
पायल प्रेम संबंधों को दिल से निभाती।।

जब यशोदा मैया ने कन्हाई को पहनाई पायल।
कान्हा की ठुमक ठुमक चाल पर गोपियां लजाती।।

चाहे कितने भी युग बदले हो।
हर युग की गौरी को पायल भाती।।

मायके ससुराल के मध्य सेतु बंधन

हर नारी, बनाए मायके ससुराल के मध्य सेतु बंधन।
सात फेरों के गठबंधन बाद हुआ मायके का जनम।।
हर नारी, बनाए मायके ससुराल के मध्य सेतु बंधन।।

नन्ही परी माँ गोद में खेली, बापू की बाहों में झूली,
अपने घर की सोन चिरैया घूमती फिरती फूली फूली,
बचपन से जवानी तक अपने घर से अनजान रही,
बापू ने किया कन्यादान, बना दिया पराया जन्म भवन।
हर नारी, बनाए मायके ससुराल के मध्य सेतु बंधन।।

मायके, ससुराल दोनों का रखकर मान, बढ़ाती शान,
सीमाओं में रहकर, बढ़ाए दोनों घर की पहचान,
मायके ससुराल की लहरों में ढूंढती अपना अस्तित्व,
उफ न करती बदल कर अपना परिवेश, रहन–सहन।
हर नारी, बनाए मायके ससुराल के मध्य सेतु बंधन।।

रखे मायके के राज मायके में, ससुराल के ससुराल में,
राज दफन कर सीने में, खुशी की कोशिश करे हाल में,
मायके ससुराल दोनों की परंपराओं का करती पालन,
आंच न आने दे किसी घर में, सतर्क रखे तन और मन।
हर नारी, बनाए मायके ससुराल के मध्य सेतु बंधन।।

अपना घोंसला छोड़, समझे पति का घर ही अपना घर,
कठिन राह, पर सुख दुख में छोड़े न मायके की डगर,
दोनों घर के त्योहारों में समयानुसार आती नजर,
आई डोली, अंतिम इच्छा वहीं पर निकले आखिरी दम।
हर नारी, बनाए मायके ससुराल के मध्य सेतु बंधन।।

मलयज

दिल करीब मलयज सुगंध शिवालय एहसास कराती है।
मस्तक पर जब लगाऊं शीतलता प्रदान कर जाती है।।

काश मलय पर्वत हो आवास, वृक्ष को देख पाती मैं,
नागों से लिपटे वृक्ष मलयज के दर्शन कर पाती मैं,
विष के संपर्क में आने पर भी जो अपने गुण न छोड़े
काश कुसंगति के असर से कभी भी न भरमाती मैं।

मलयज धूप फैलती जब जब सांस तृप्त हो जाती है।
दिल करीब मलयज सुगंध, शिवालय एहसास कराती है।।

मलयज से जब मूर्ति बनाई कारीगर भी धन्य हुआ,
जब घिसा मलयज लकड़ी को, तन मन सुगंधित हुआ,
मलयज लेप से सुंदर काया, मलयज सा तन प्राप्त हुआ
हवन सामग्री में चढ़कर, घर में सुख का वास हुआ।

दुनिया सफेद से शिव, विष्णु पूजा, लाल मां पर चढ़ाती है।
दिल करीब मलयज सुगंध, शिवालय एहसास कराती है।
मस्तक पर जब लगाऊं शीतलता प्रदान कर जाती है।।

ईश्वर गुणगान हो जाए

इंसान को मिली मधुर वाणी, ईश्वर गुणगान हो जाए।
ईश्वर अनुकंपा से मिला जीवन ईश्वर ध्यान हो जाए।।

विवेकशील इंसान को सिर्फ भगवान अवतार ध्याने हैं,
नटखट कन्हैया के बचपन के किस्से गुनगुनाने है,
माखन चोर, मटकी फोड़ से जीवन में रस लाने हैं
कृष्णा की मुरली की तान पर भक्त हुए दीवाने हैं।

भगवत सार समझा तो जीवन सफल हो जाए।
इंसान को मिली मधुर वाणी, ईश्वर गुणगान हो जाए।

मीराबाई सी भक्ति हर इंसान को जगानी है,
राम नाम के बोल से सत्संग की शोभा बढ़ानी है,
मन मस्तिष्क में छाई रहे बस राम नाम की महिमा
राम कृष्ण की गाथाओं से जिंदगानी खिलानी है।

भवसागर तरने के लिए राम नाम में खो जाए।
इंसान को मिली मधुर वाणी, ईश्वर गुणगान हो जाए।

देव दीपावली, कार्तिक पूर्णिमा, गुरुनानक देव जन्म

संपूर्ण कार्तिक मास में छिपे अद्भुत रहस्य,
कार्तिक पूर्णिमा सबसे बड़ी, है विशेष महत्व ।

कार्तिक अमावस्या पर मनाई जाती है दिवाली,
श्रीराम, सीता, लक्ष्मण घर वापसी से छाई खुशहाली ।

श्री लक्ष्मी जी का जन्म हुआ कार्तिक मास में,
एकादशी को विष्णु योगनिद्रा से जागे कार्तिक मास में ।

कार्तिक पूर्णिमा सभी पूर्णिमाओं में सर्वाधिक महान है,
त्रिपुरासुर राक्षस वध करने वाले स्वयं शिव भगवान हैं ।

इसीलिए कार्तिक पूर्णिमा कहलाई पूर्णिमा त्रिपुरारी,
देवता सहित शंकर ने गंगा घाट पर मनाई दीपावली ।

प्रबल विश्वास देवता गंगा स्नान करके करते दीपदान,
भक्त करते विष्णु पूजा, तुलसी पूजा, करके गंगा स्नान ।

उगते सूर्य को अर्घ्य देकर संकटों से पाते मुक्ति,
दूध, गाय, फल, आंवला, दीपदान से जगाते भक्ति ।

कार्तिक पूर्णिमा को गुरु नानक देव ने नई राह दिखाई,
सांप्रदायिक एकता, शांति, सदभाव की भाषा है समझाई ।

सिख धर्म की हुई स्थापना, फैली प्रकाश पर्व की पहचान,
गुरुओं का उत्सव, गुरु पूर्व, गुरु पूरब, गुरु स्थान है प्रधान।

सुबह प्रभात फेरी गुरुद्वारे में कीर्तन जगाते श्रद्धा विश्वास,
रुमाले चढ़ाके धर्म से जुड़ी आस्था, दे मंगल कामना आस।

गुरुद्वारा हो या मंदिर हो पूजा अनुष्ठान मकसद एक,
' गीता ' भौतिक संसार में शांति सौहार्द चाहता हर एक।।

दोहे

1.

हर बार अंबर उड़ान, लगे नित नई बात !
देख बिन पंख उड़ चले, विज्ञान की सौगात !!

2..

हो चाँदनी पूनम की, हो दीवानी रात !
अब तो चुप रहना नहीं, कहनी दिल की बात !!

3.

वसुधा रत्नों से जड़ी, रत्नों को संभाल !
वो हमारी रक्षा करें, उसका रखना ख्याल !!

मेरे मन का शोर

अंतर्मन का कोई क्या जाने, मेरे मन का शोर,
खामोश लब, खामोश नयन, खामोश है हर पोर!

मुंह खोलने से पहले ही चुप रहने की हिदायत,
सुनने को कोई तैयार नहीं, किससे करें शिकायत,
अनैतिक तरीके से सब करवाते जा रहे हैं काम,
सबको चाहिए बिना मेहनत के सुंदर अंजाम,

ध्यान नहीं जाता किसी का किसी के ग़म की ओर!
अंतर्मन का कोई क्या जाने मेरे मन का शोर!

दहेज के कारण बेटियां दी जाती हैं मार,
कहीं दो जून रोटी नहीं, कहीं व्यंजन भरमार,
धर्म की आड़ में इंसान का इंसान पर संहार,
कैसे सहे दिल एक साथ इतने सारे प्रहार,

आतंक के साए में चलता नहीं अपना कोई जोर !
अंतर्मन का कोई क्या जाने, मेरे मन का शोर!

इरादे

कई बार बनने से पहले ही इरादे बदल जाते हैं!
इरादों के पक्के इंसान इरादे दिल से निभाते हैं!

बचपन के इरादे कच्ची मिट्टी की भांति,
जवानी के इरादों में कुछ करने की क्रांति,
वृद्धावस्था को भाये सिर्फ शकून शांति,
हर उम्र के पड़ाव में अलग अलग भ्रांति!

बढ़ती उम्र साथ इरादे रंग अपना दिखाते हैं!
कई बार बनने से पहले ही इरादे बदल जाते हैं!

इरादों में आसपास के माहौल का भी असर,
कश्मीर में इरादों पर ढाया जाता जुल्म, कहर,
मजदूर के इरादे अपने मालिक पर निर्भर,
जीवन की धूप छांव में इरादे अमृत कभी जहर !

कभी कभी डर के मारे इरादे बदल जाते हैं!
कई बार बनने से पहले ही इरादे बदल जाते हैं!

कभी इरादों पर चकाचौंध की मनमानी,
बनावटी दुनिया में स्वयं की कीमत न पहचानी,
हर हाल में जीतने के लिए आदर्शों की कुर्बानी,
चाहे अनैतिक तरीके से मंजिल पड़े पानी !

न मिले टिकट नेता को तो दल बदल आते हैं!
कई बार बनने से पहले ही इरादे बदल जाते हैं!

सुख के सब साथी दुख में न कोई

काटेंगे फसल वैसी ही जैसी है बोई।
सुख के सब साथी, दुख में न कोई।।

डूबता हो जहाज तो चूहे भी छोड़ जाते हैं
दुख घड़ी में अपने भी साथ छोड़ जाते हैं
धन दौलत पर मरती है ये दुनियां सारी
धन मिले तो झूठ भी सच हो जाते हैं।

दुख में कोई पुकारे तो सुनता नहीं कोई।
सुख के सब साथी, दुख में न कोई।।

महानगरों में पड़ोसी एक दूजे को जाने नहीं,
कहर की रात में एक दूजे को पहचाने नहीं,
बेटा भी दौलतमंद बाप के आगे शीश नवाए
निर्धन बाप को बेटा कभी कभी पहचाने नहीं।

रिश्तो ने भी सुख की ही महिमा संजोई।
सुख के सब साथी, दुख में न कोई।।

सुख में दिन रात का साथ अच्छा लगता है,
दुख में समय नहीं का बहाना सहना पड़ता है,
पंडित सुख समृद्धि वाले घर में दे पूजा ध्यान
जहां न मिले ठोस दक्षिणा वहां न पांव रखता है।

दुख आहें सुनने को हो जाता बहरा हर कोई।
सुख के सब साथी, दुख में न कोई।।

भगवान सूर्य देव

सात घोड़ों वाला, देदीप्यमान सूर्य,
पृथ्वी प्राण देवता,
खुद धधकती अग्नि में रहकर,
प्राणदायी किरणें बिखेरता।

सात घोड़े सात दिन दर्शाते,
जिनसे ऋतुए आयी,
ब्रह्मा मुख 'ॐ' से प्रकट,
दुनिया ने रोशनी पायी।

पिता कश्यप माँ अदिति,
तभी कहलाये आदित्य,
विवस्वान सूर्यदेव,
संसार के लिए अतुल्य।

देव शिल्पी विश्वकर्मा ससुर,
पत्नियां छाया व संज्ञा,
प्रथम पुत्र यमराज धर्मराज
शनि तुल्य भद्रा कन्या।

गायत्री, भ्रांति, उष्निक,
जगती, त्रिस्तप, अनुस्तप,
पंक्ति के साथ सातो दिन आते पूर्व से सूर्य,
रात्रि आगमन, पश्चिम से अस्त होते सूर्य।

देदीप्यमान सूर्य सात घोड़ों वाला सूर्य,

जिनसे जन्मे चांद सितारे, हमारे लिए अमूल्य!
प्रथम 'गीता' ज्ञानी विवस्वान, अंधकार सिमट गया,
आए सात घोड़ों पर सवार सूर्य, हर दिन चमक गया।

चंद पन्नों में समा जाए काल

पुस्तकें सबसे अच्छी मित्र तन्हाई का न हो एहसास,
मार्गदर्शक होती अनोखी बन जाओ पुस्तकों के दास,
बिन पुस्तक जीवन नहीं, पुस्तकें जीवन ढाल,
अनुभवों खजानों से भरी, पढ़ने की आदत तो डाल,
लेखक तो अमर नहीं, पुस्तकें अमर करती इतिहास,
भारतीय ग्रंथ अनमोल हैं, समाया जिनमें जीवन सार,
एक एक शब्द के गहरे अर्थ, पढ़ते रहो बारम्बार,
पुस्तकें ग्रंथ गागर में सागर, शब्दों में अर्थ उजागर विशाल,
कितनी विचित्र बात, चंद पन्नों में समा जाए काल।

चुप रह के हमको लूटा है

तेरी चुप रहने की आदत ने
चुप रह के हमको लूटा है
कहने को कुछ कहा नहीं
पर आंखों से सब फूटा है।

दिल में राज छुपाए फिरते
वक्त नहीं का इल्जाम हम पर
शोरगुल में कह गए जो कुछ
सुना दिल पर पत्थर रखकर
तेरी इस बेरुखी से दिल टूटा है
तेरी चुप रहने की आदत ने
चुप रह के हमको लूटा है।

नजरअंदाज करते हो शायद
या आदतन मजबूर हो
पास रहकर भी लगता
हमसे बहुत-बहुत दूर हो
दिल हमारा छल छल कूटा है।
तेरी चुप रहने की आदत ने
चुप रह के हमको लूटा है।

कहने को कुछ कहा नहीं
पर आंखों से सब फूटा है।।

चेहरे नूर भाव

चेहरे नूर भाव खामोश ए दास्तां बता गए।
छुपाए न छुपा पाए आंखों से छलका गए।।

सजा मिली हमें खामोशी की भी बार बार,
बेगुनाह होने पर भी इल्जाम वो लगा गए,
बेवफाई की हद होती है मेरे दोस्त मेरे हमदम
अपने चाहने वाले को जिंदा लाश बना गए,
गैरों पर करके रहम, अपनों को जला गए।
चेहरे नूर भाव खामोश ए दास्तां बता गए।

दिल है कि तुम्हारी बेरुखी बाद भी चाहता तुम्हें,
क्या करें आंखों को अब कोई और न भाता हमें,
जिंदगी तुम्हारे नाम कर दी मानो या ना मानो
खुदा से पहले तुम्हारा ही नाम याद आता हमें,
कहते हैं सब हमें पागल, दीवाना बना गए।
चेहरे नूर भाव खामोश ए दास्तां सुना गए।।

मुक्तक

पाकीज़ा मोहब्बत में हो गए बदनाम,
बन गया दुश्मन ज़माना लगने लगे इल्ज़ाम,
पाक नजरों को भी न मिली कोई मोहलत,
रूह से रूह नाता न समझे कलयुगी इंसान!

कब तक और सहेंगे

आज़ादी महोत्सव मना रहे
भारतवासियों बधाई हो बधाई,
अनेकता में एकता की
कितनी सुन्दर शहनाई,
अपने धर्म की इबादत करके
एक दूजे की शान बढ़ाई,
विभिन्नता में रहना स्वीकार किया तो
क्यों छेड़े धर्म लड़ाई,
कब तक और सहेंगे जुल्म
संस्कृति पर चोट जो खाई,
अत्याचारों को रोक कर ही होगी
सर्वत्र देश की भलाई,
सत्य से मुँह मोड़ा तो
चलती रहेगी लड़ाई,
लड़ाई में सबकी हानि
लड़ाई ने सदा चिन्तायें बढ़ाई,
सत्य से मुँह ना फेरो
देख परख कर अपना लो सच्चाई,
सच्चाई का साथ देकर तो देखो
समझ आयेगी सनातन की गहराई !

सम्मान पे न आए आंच

खुला आसमान कच्चा घर

कभी–कभी काली घटाओं से लगता डर,

कहीं छत पर से पानी न टपके

गरीब को बस ये चिंता खटके,

पर कितना सुहाना गरीब बचपन

खुले आंगन में रहते मगन,

न कल की चिंता न आज का खौफ

माटी के खेल, माटी के शौक,

सपने ननहीं हो पक्का मकान,

है सुंदर घास फूस से बना घर, खुला आसमान

कड़ी मेहनत से दो जून रोटी कमाई

पर नहीं शिकवा शिकायत भाई,

बंजर भूमि में रहकर धान कहां

ऐशो आराम के सामान कहां,

धरती बिछौना अंबर है चादर

पर खुश बित्ते भर सुख पाकर,

कभी प्रभु गरीब कुटिया में आ जाना

गरीब कर्मों का हिसाब बता जाना,

गरीब को नहीं कोई गिला न माने अभिशाप

' गीता ' गरीब रहें पर सम्मान पे न आए आंच।

मां गंगा

हिमालय गंगोत्री से जन्म लेकर गंगा डोर।
अनवरत चली बंगाल खाड़ी की ओर।।

पर्वतों पर संकरी मैदानों में चौड़ी
बने इर्द गिर्द पूजनीय तीर्थ के छोर।

मां है हमारी, सबका जीवन संवारे,
प्राणी, वनस्पति खिले नाचे जैसे मोर।

पवित्र इतनी कि सब पाप धो दे सबके
काशी, प्रयाग, हरिद्वार के निखरे छोर।

भगवान विष्णु के पैरों से उदगम,
शिवजी जटाओं में निवास डोर।

भागीरथ प्रार्थना से पृथ्वी पर आई,
पवित्र माँ गंगा का नहीं कोई तोड़।

लंबे समय तक शुद्ध रहे संग्रह जल,
चमत्कार, वरदान है निर्मल गंगा भोर।

मां गंगा है हमारी संस्कृति, सभ्यता,
न मैली हो गंगा रहे शुद्ध लगाएं जोर।

शक्ति इतनी की तन मन कर दे चंगा,
जहां जहां गुजरे मां गंगा पवित्र हर पोर।

' गीता ' रोगों से मुक्ति मां गंगा दिलाए,
खुशनसीब समझो मां गंगा भारत की ओर।

ग़ज़ल

यूँ ही अरमान जो निकलते हैं
वो ही सपनों में आ के पलते हैं

समय हाथ से निकल गया
हाथ रह जाते मलते हैं

दिल को देते हैं जो भी दीवाने
रात में शम्मा बन के जलते हैं

बात नेताओं की तो मत पूछो
वो तो पल पल में दल बदलते हैं

जब से गीता ने तुझको देखा है
बात कहने को बस मचलते हैं

भोर की लाली

भोर लाली रोमांच से भरी, रंग दे मन सिंदूरी,
दर्शन कर लो भोर लाली का, मत बनाओ दूरी।

सोते रहे तो खो दोगे, सिंदूरी सुबह मतवाली,
सिंदूरी पर चढ़ जाएगी तपन, खो जाएगी लाली।

भोर लाली का दृश्य मनोहर, कुछ पल के ही रंग,
आँखों में रमे शीतलता, खिल जाए अंग ही अंग।

भोर की लाली से ही पंछियों को होता समय का ज्ञान,
चल पड़ते उसी राह पे, जहां दाना पानी का सामान।

सुबह को देर से उठोगे तो अधूरे रह जाएंगे काम,
भोर में मस्तिष्क रहे तरोताजा बनते जाएं काम।

ब्रह्म मुहूर्त की बात निराली भरे अद्भुत स्फूर्ति संचार,
देर से उठकर अपने जीवन पर क्यों कर रहे प्रहार।

भोर लाली आनंद ऐसा, प्रकृति अनुपम वरदान मिले,
'गीता' प्रथम सूर्य देव दर्शन से रोशन जीवन दान मिले।

कुछ खोया कुछ पाया

कभी किसी को अनजाने में कोई दे दर्द गये देखो।
कभी किसी के तारणहार भी वे बन गए देखो।।

आज नहीं कल कर लेंगे में समय गंवाते चले गए
कार्यभार बढ़ा अधिक तो नींद गंवाते चले गए
फिर भी काम रहा अधूरा समय ने धोखा दे दिया
खुद धोखेबाज रहे इल्जाम समय पे लग गए देखो।
कभी किसी अनजाने में कोई दे दर्द गये देखो।।

कभी दुर्घटना वश हो गए अचानक हादसे
कभी कोई जिंदगी भर पछताये गैर को पाल के
कभी-कभी दुर्भाग्य ने भी पीछा नहीं छोड़ा
कभी बिन बात के उलझन में फंस गए देखो
कभी किसी के अनजाने में कोई दे दर्द गये देखो।।

कुछ खोया कुछ पाया है जिंदगी की बाहों में,
कभी-कभी खजाना मिला कांटो भरी राहों में,
दिल्लगी भारी पड़ गई किसी की बातों बातों में
कोई-कोई नमक जख्मों में छिड़क गए देखो।
कभी किसी के अनजाने में कोई दे दर्द गये देखो।।

नियम

नियम हमारी आवश्यकता है,

नियम तोड़ना मूर्खता है,

मानो न हो नियम, तो कैसे जी पाओगे,

ट्रैफिक नियम, रेड लाइट पर रुक जाओगे,

तो सड़क दुर्घटना से बच जाओगे,

नहीं करे अगर नियम का पालन,

जीते जी मर जाओगे,

समय पर सोना, समय पर जागना,

समय की प्रतिबद्धता निभाना,

स्वस्थ जीवन का रहस्य यही है,

समय पर कार्य करना सफल जीवन यही है,

'गीता' नियम राह पर भव सागर तर जाओगे,

सम्पूर्ण विश्व सुखी, यदि नियमों पर चलते जाओगे!

मुक्तक

कम सही, कोई तो अपने जैसा दिखा,

कभी–कभी वास्तव में सपने जैसा बिता,

स्वयं की भी परवाह करते नहीं कई,

वर्तिका ने दीपक में सिर्फ जलना सीखा।

मां जानकी

जनक नंदिनी मां जानकी, देवी महिमा में नारी सूरत,
अद्भुत जन्म कहानी जिसकी, त्याग, समर्पण की मूरत

पिता राजा जनक की राजदुलारी सीता नाम से महकी,
मां सुनयना की प्यारी, मिथिला ज्येष्ठ पुत्री बन चहकी,
इसीलिए मैथिली कहलाई रामायण की महानायिका
देवी थी पर कष्टों और प्रवंचनाओं के जाल में दहकी।

सिया लक्ष्मी अवतार लिए स्त्री एवं पतिव्रता की मूरत।
जनक नंदिनी मां जानकी, देवी महिमा में नारी सूरत।।

स्वयंवर में शिव धनुष खंडित राम ने सीता दर्शन पाया,
त्रेता युग पुरुषोत्तम राम ने एक पत्नी का दर्पण दिखाया,
सुकोमल राजकुमारी को भाग्य ने वन वन भटकाया
मां जानकी ने श्रीराम संग 14 वर्ष वन में बिताया।

हरण कर लंका जो पहुंची, मन बसी सिर्फ राम मूरत।
जनक नंदिनी मां जानकी, देवी महिमा में नारी सूरत।।

जनता के संदेह कारण राम ने सीते को ठुकराया,
खुशी-खुशी मां जानकी ने पत्नी धर्म ही अपनाया,
पति श्री राम का निर्णय सिर आंखों पर रखा सीते ने
महारानी ने वाल्मीकि आश्रम में शेष जीवन बिताया।

अयोध्या राजकुमारों की मां धरा समा गई त्याग मूरत।
जनक नंदिनी मां जानकी, देवी महिमा में नारी सूरत।
अद्भुत जन्म कहानी जिसकी, त्याग, समर्पण की मूरत।।

जाग मुसाफिर भोर भई

स्मरण रख यह बात सदा लौटके फिर न आता पल।
मनु समय सदुपयोग से जीवन सरल बनाता चल।

जाग मुसाफिर भोर भई सोने में न समय गवां।
प्रथम भास्कर स्वर्णिम किरण से आलस्य को भगा।
भोर में परिंदे भी अपनी उड़ान भरने लग जाते हैं
सोने में रात बिताई भोर में तो अपना भाग्य जगा।

न पहचानी जो भोर कीमत रुलाए आने वाला कल।
स्मरण रख यह बात सदा लौटके फिर न आता पल।।

रात चांदनी नियमानुसार काली रात में छिप जाती है।
ब्रह्म मुहूर्त का संदेशा लेकर भोर समय से आती है।
जैसे ही सूरज चमके निंदिया रानी से लेनी विदाई
ताजगी, स्फूर्ति भरी भोर हर रोज नई चेतना लाती है।।

देर से जागे काम अधूरे, रहे खेद हाथ रह जाता मल।
स्मरण रख यह बात सदा लौटके फिर न आता पल।।

मुक्तक

अटूट विश्वास डोर कोरे कागज पर हस्ताक्षर कर दिए।
अदभुद चित्रलिपि हस्त हुनर से गागर में सागर भर दिए।
हृदय कलश की स्मृति संकलन में जो धोखे से आ गए
वो वादे सताते रहे जो बहकावे में आकर कर दिए।।

हाथ स्वंय भर जायेगा

जो बीत गया
वो बीत गया
उसको और
याद किया तो
हमको और रुलाएगा।
खुशी के पल
कल थे
पर आज नहीं
यह सोच सोच
दिल घबराएगा।
कल जो खोया
याद कर करके
आज पर कर गुनाह
वर्तमान भी
मर जायेगा।
कल क्या होगा
करके चिंतन
सोच सोच
आज का आनंद
दफन हो जायेगा।
छोड़ दे सब प्रभु पर
कर्म कर बस
' गीता ' न कर फल इच्छ
हाथ तेरा
स्वंय ही भर जायेगा।

भैया दूज

भैया दूज आया भैया मिलने का मन कर आया है।
कैसी मुश्किल आन पड़ी है दूरी ने रुलाया है।।

बाबुल ने दूर गांव ब्याह दिया, हर बार नहीं आ पाऊ मैं,
दूर से भाई सलामत प्रार्थना कर, मन को समझाऊं मैं,
बहन की दुआ है भैया, परिवार सहित तू स्वस्थ प्रसन्न रहें,
नहीं चाहिए उपहार मुझे बस भैया तो सुखी संपन्न रहें,
भैया हवा स्पंदन, पुष्प महक ने बहन एहसास कराया है।
भैया दूज आया भैया मिलने का मन कर आया है।।

आज पवित्र नारियल पर भैया मान तिलक लगाऊं मैं,
याद करुं तुझको ही भैया, तुझको भी याद आऊं मैं,
भाई बहन रिश्ता अनोखा, भाई बहन ही समझ सके,
मीलों की दूरियां तो क्या, दिल से पास भाई–बहन रहे,
धन्य विज्ञान, वीडियो कॉल पे भाई दर्शन पाया है।
भैया दूज आया भैया मिलने का मन कर आया है।।

मुक्तक

आई भोर रजनी बाद, सुविधा की फरमाइश बढ़ी,
पावन धाम दर्शन किए, पर नित नई ख्वाईश बढ़ी,
है तृप्ति अथाह समुद्र सी, इस जिंदगी में न हो पूरी,
नई भोर में नया बाजार, तृप्ति को आजमाइश बढ़ी।

अहोई माता की कृपा दृष्टि

अहोई माता कृपा दृष्टि से, परिवार हरे भरे गुलजार हैं।
हिंदू धर्म में उत्साह पूर्वक मनाते नित्य नए त्यौहार हैं।।

जीवन में मधुर रस भरकर, ताजगी भरते हैं त्यौहार,
रिश्तो में नजदीकियां, आत्मीयता लाते हैं त्यौहार,
हर ऋतु का विशेष महत्व, हर ऋतु के अपने त्यौहार,
कुछ सिखाते मेल मिलाप, कुछ सिखाते परोपकार।

त्योहार हमारे जीवन के अमूल्य आधार हैं।
अहोई माता कृपा दृष्टि से, परिवार हरे भरे गुलजार हैं।
हिंदू धर्म में उत्साह पूर्वक मनाते नित्य नए त्यौहार हैं।।

पति को समर्पित संपूर्ण जीवन, जैसे तारों बीच चांद एक,
पति संग घर की बगिया महके, घर में हों बच्चे अनेक,
बांझ रहे न कोई नारी, हे अहोई माता विनती करे हरेक
अहोई माता की कृपा से, बाल किलकारियां पाए हरेक,

तन, मन से व्रत करती स्त्रियां, मानती न कभी हार हैं।
अहोई माता कृपा दृष्टि से, परिवार हरे भरे गुलजार हैं।।
हिंदू धर्म में उत्साह पूर्वक मनाते नित्य नए त्यौहार हैं।।

अहोई माता सबके जीवन की बाधाऐं हर लेना,
निरोगी रहे संतानें सारी ऐसा सब को जीवन देना
हे अहोई माता सबको सुख समृद्धि से तर कर देना,
आसमान के तारों जैसी हर संतान को आयु देना।

कोई बला न आए बालकों पर बस करते यही मनुहार हैं।
अहोई माता की कृपा दृष्टि से, परिवार हरे भरे गुलजार हैं।।
हिंदू धर्म में उत्साह पूर्वक मनाते नित्य नए त्यौहार हैं।।

भवसागर तर जाए

अंदर बाहर हो सब प्रफुल्लित दीप से दीप जलायें
एक दूजे को गले लगाकर, मन से बैर भाव हटायें
आलौकित रहे मस्तिष्क सूरज, ऐसा कुछ कर जाएं
तिमिर दूर हो सदा मन का, ऐसा प्रकाश फैलाएं
प्रथम भास्कर की किरणों का सेवन करते जाएं
आज के काम आज करें कल पर न टलते जाएं
मुश्किल से मानव जीवन मिला उसका लाभ उठाएं
सत्कर्मों का दामन थाम कर भवसागर तर जाए।

आधुनिक जीवन शैली

आधुनिकता की दौड़ में हो रहे बर्बाद।
क्षणिक सुख, आराम को समझ रहे आबाद।।

अजीब सोच हावी हो रही, भूल गए संस्कार,
हाय, हेलो के बोलबाले में भूल गए नमस्कार,
व्हाट्सएप, फेसबुक, टीवी के हो गए सब गुलाम
मशीनी युग ने बनाया आलसी और नाकाम,
एकल परिवार ने जुदा किया, मां-बाप आशीर्वाद।
आधुनिकता की दौड़ में हो रहे बर्बाद।।

गंगा, जमुना तहजीब भूले, सभ्यता चादर हो गई मैली,
भवन निर्माण में आलसी रंग, वेशभूषा भी सबने बदली,
देर से उठना, देर से सोना, खानपान का सही नहीं ढंग
वेदों का अब ज्ञान कहां, बदल गई संपूर्ण जीवन शैली,
क्या बुजुर्ग क्या बच्चा सबका बिगड़ गया संवाद।
आधुनिकता की दौड़ में हो रहे बर्बाद।

हर कोई इस मोबाइल युग से न बच सका,
मोबाइल से खोए स्मरण शक्ति, इंसान ठगा ठगा,
लगता है सिमटकर सारी दुनिया मोबाइल में समा गई
दिखावे की दुनिया हो गई, मोबाइल लगे सगा सगा,
सुप्रभात से शुभ रात्रि तक मोबाइल से ही होती बात।
आधुनिकता की दौड़ में हो रहे बर्बाद।
क्षणिक सुख आराम को समझ रहे आबाद।।

अद्भुत श्रृंगार

भक्त करें श्रृंगार श्याम का, आभूषण पहनाए।
बांके बिहारी श्रृंगार देखने को, भक्त अधीर हो जाए।।

नवरात्रों में मां अंबा श्रृंगार से, घर मंदिर सा सज जाए
जिसकी जितनी होती सामर्थ्य, मां को आभूषण चढ़ाए,
लाल चुनरिया, गोटेदार लहंगा दुर्गा मां को सुहाए
स्वयं भी सज धज कर भक्त मां के दर्शन को जाए,
श्रृंगार जीवन के अनुपम रस, सौंदर्य सबको भाए,
बांके बिहारी श्रृंगार देखने को, भक्त अधीर हो जाए।

आभूषण नारी को सुन्दर बनाए, श्रृंगार महिमा न्यारी
सजधज कर हर नारी ने सूरत दर्पण में निहारी,
कभी सीधी कभी तिरछी, कभी गाल पर रखकर हाथ
श्रृंगार करके दूर दर्पण से, अपनी चाल संवारी
सात फेरे बंधन में बंधी नारी के पति परमेश्वर कहाये।
बांके बिहारी श्रृंगार देखने को भक्त अधीर हो जाए।।

नारी कान में पहने झुमके, नयनों में कजरे की धार
और जुल्फों को अंगुली पे लपेट, घुंघराले करती बाल,
हर स्त्री का श्रृंगार बना रहे, मनाती रहे त्यौहार
माथे पर बिंदिया की चमक, पायल की छनकार,
करवा चौथ पर सुहागन, धरती पर चांद सी नजर आए।
बांके बिहारी श्रृंगार देखने को भक्त अधीर हो जाए।।

दोस्ती

मेरे दोस्त जबसे तुम मेरी जिंदगी में आए

हमने दुनिया में नए मुकाम पाए,

हर कदम पर साथ चले

देख के कुछ लोग जले,

कितनी शामें गुजारी साथ

पकड़कर हाथों में हाथ,

कभी मेरे बिन तुम कुछ नहीं

तुम बिन हम हंसे नहीं,

अचानक कैसी गाज गिरी

गलतफहमी की बिजली गिरी,

बदल गए मिजाज़ तेरे

न काम आए प्रयास मेरे,

इस कदर हुए ख़फ़ा

दोस्ती को मौत की लग गई दफ़ा,

अंतिम हर्फ़ में कत्ल कर गए दोस्ती का

अंधकार छा गया नाम नहीं रोशनी का,

कैसे मिटा दिए दिल पे अंकित दोस्ती के निशान

हम तो न छिपा पाएंगे

दिल पर अंकित दोस्ती के निशान

जब तक रहेगी जान।

निस्वार्थ भाव से जोड़े

आज का स्वार्थी मन, अपने ही हित की सोचे।
अपने सुख खातिर, नई नई चालबाजियां खोजे।।

धन कमाने के लिए, अनमोल जीवन से करे खिलवाड़।
नकली दवाई, खाद्य सामग्री बेचकर मौत परोसे।।

राजा होता था ईश्वर समान, आज नेता कुर्सी का मोहि,
कुर्सी बचाने को कुछ भी कर जाए, जनता की न सोचे।।

ईमान बेचकर इज्जत कमाना, जो समझते अपनी शान।
बेईमानी की बनाते राह, डालते ईमान राह में रोड़े।।

अपने स्वार्थ में अंधे हो जाते, झूठ की बिसात बिछाते,
बनकर सत्य का मसीहा, सच को ही तोड़े मरोड़े।।

स्वार्थ में कत्ल करते इंसान का, इंसानियत शरमा जाये।
मानवता बची नहीं, मानव मानव के हाथ तोड़े।।

' गीता ' स्वार्थपरक दुनिया का कभी हिस्सा न बनना।
दूसरे की दूसरा जाने, स्वयं को निस्वार्थ भाव से जोड़े।।

माँ

माँ बिन न घर चले, माँ हर घर की होती महान,
कोमल सी काया वाली, मशीन से अधिक करती काम,
घर के हरेक छोटे से बड़े सदस्य का रखती ध्यान
अपने स्वास्थ्य की तनिक न चिंता, न करती आराम।

मूल्यांकन करें तो माँ पर नहीं जाता किसी का ध्यान,
माँ रोज कार्य अलावा, करती न जाने कितने काम,
पापड़, वड़िया, बुनाई, सिलाई आदि करती असीमित काम
घर की मुर्गी दाल बराबर पाती न कोई मान सम्मान।

जिस घर में न हो माँ तो घर लगे बस एक मकान,
घर की रौनक माँ से, व्यवस्थित रहे सब साजो सामान,
माँ घर की लक्ष्मी है, देवी तुल्य का सा हो सम्मान,
मां अवहेलना से बर्बाद हुए तो, पछतावे का रहेगा काम

मुक्तक

हर कोई चाहे बेदाग रहे पर समय ही बलवान,
पत्थर बनी निर्दोष मां अहिल्या, सब जाने दास्तान,
श्रीराम जी भी न कर सके सीते शंका समाधान,
सौंदर्य की प्रतिमा चांद भी सुनता रहे दाग दास्तान!

जीवन की गहराई

जिंदगी पहेली आज तक किसी को समझ न आई।
जन्म पर आते रोते रोते, मौत पर छूटे दूजे की रुलाई।।

स्थूल तन का होता नाश, आत्मा दुनियां छोड़ चली,
जानते हैं यहां से रिश्ता तोड़, कहीं और जोड़ चली,
मोह माया का बंधन है यह, कभी न छोड़ सके कोई,
जितना साथ दिया ईश्वर ने उतना साथ चल सके कोई!

अपने की विदा घड़ी में, दूजे के दुख कीमत समझ आई।
जिंदगी पहेली आज तक किसी को समझ न आई।।

स्वर्णिम समय याद कर, वेदना में आंसू न बहाना,
तन के साथ मन को भी सदा स्वस्थ बनाना,
क्षितिज में जगमगाते सितारे सबके लिए एक से,
जीवन समुंदर की तलहटी में आत्मा अमर जाना!

फिर स्थूल शरीर खोने से क्यों वेदना गहराई।
जिंदगी पहेली आज तक किसी को समझ न आई।।

किसी के जाने बाद यादों का सिलसिला रुकता नहीं,
सुख में इंसान किसी के सामने झुकता नहीं,
सुख, दुख तो जीवन के अभिन्न अंग हैं,
कोई कोई अत्यधिक वेदना में भी टूटता नहीं!

जो सुख, दुख में रहे सम, समझा जीवन की गहराई।
जिंदगी पहेली आज तक किसी को समझ न आई।।

मन पपिहरा नित नई राग अलापे

मन पपिहरा नित नई राग अलापे, पपिहरा न बन पाये।
हर पल नई प्यास बुझाए, फिर भी प्यासा रह जाये।।

जहां स्वाति नक्षत्र की एक बूंद से होती मोती की प्राप्ति,
यहां हर क्षण नई बूंद चढ़ाकर, बूँदों में ही हो गई क्रांति,
शीघ्र फल की कामना से, धैर्य के इम्तिहान में असफल,
पपिहरा से कुछ सीख ले रे मन मिलेगी सदैव शांति।

त्याग, तप के अर्थ जान लिए तो जीवन सुगम हो जाये।
मन पपिहरा नित नई राग अलापे, पपिहरा न बन पाये।।

मुफ्त में मिल जाए जब कुछ फिर भी मन न भरे,
जोड़ते रहे कल के लिए, कल क्या हो रहते डरे डरे,
आस्था पपीहा की वर्षा बूंद पे, रहे साथ मरते दम तक
विवेकशील इंसान, सुख तलाश में इधर उधर भटके।

मन पपिहरा काबू में रहा तो, उलझन स्वत सुलझ जाये।
मन पपिहरा नित नई राग अलापे, पपिहरा न बन जाये।।

कर्मण्येवाधिकारस्ते मा फलेषु कदाचन।
मा कर्मफलहेतुर्भूर्मा ते सङ्गोऽस्त्वकर्मणि।।